Barbara Oehl-Jaschkowitz
Charlotte Fischer
Manche Angst in Zuversicht verwandelt

Barbara Oehl-Jaschkowitz
Charlotte Fischer (Fotografie)

Manche ANGST in ZUVERSICHT verwandelt

Eltern von Kindern mit Behinderung erzählen

MAYER
INFO3

Mit freundlicher Unterstützung der Stiftung Lauenstein.

Die Autorinnen spenden einen Teil ihres Honorars zugunsten der
Christophorus Lebensgemeinschaft Laufenmühle, Welzheim.

Bibliographische Information der Deutschen Nationalbibliothek
Die Deutsche Nationalbibliothek verzeichnet diese Publikation in der
Deutschen Nationalbibliographie; detaillierte bibliographische Daten sind
im Internet über **http://dnb.ddb.de** abrufbar.

ISBN 978-3-95779-028-6

Erste Auflage Juni 2015

© 2015 Info3-Verlagsgesellschaft Brüll & Heisterkamp KG
Typographie und Satz: Clarissa Heisterkamp
Umschlag: Frank Schubert, Frankfurt am Main

INHALT

GELEITWORT

Vor gut zwanzig Jahren wurde ich als junger Assistenzarzt zu einem humangenetischen Konsil auf eine Säuglingsstation gebeten. Ich sollte nach einem Mädchen schauen, das mit schweren, kaum mit längerem Überleben vereinbaren Fehlbildungen geboren worden war. Nach Ansicht der papiernen Daten der Krankenakte stellte ich mich darauf ein, ein schwer leidendes Kind mit verzweifelten Eltern anzutreffen, die mit ihrem Schicksal hadern.

Nichts davon stellte sich ein: Eine aufgeräumt wirkende, fast fröhliche Mutter kam auf mich zu: »Darf ich Ihnen unsere süße Tochter Maria vorstellen?« Nanu, dachte ich mir im Stillen, die Dame hat wohl den Ernst der Lage nicht begriffen. Und dann lag die kleine Maria da, inmitten eines Gewirrs von Schläuchen und Kabeln, und — schenkte mir einen kessen Blick in die Augen und ein geradezu umwerfendes Lächeln, das ich nie vergessen werde. »Hey du,« sagte sie mir damit, »hier bin ich, und dies hier ist mein Leben. Ich kenne es nicht anders, und ich genieße jede Minute davon. Freu dich mit mir daran!«

Damit hat sie mir eine Lektion erteilt: Wie lebenswert, wie glücklich ein Leben ist, kann niemand anders beurteilen als nur ein Mensch für sich selbst und seine Familie. Und in der Freude am Leben, so hat es uns die Natur in unser Wesen einprogrammiert, erziehen Kinder ihre Eltern und Angehörigen mindestens genauso machtvoll wie umgekehrt.

Über dieses Aufeinander-Einlassen, das für manche Außenstehende rätselhaft bleiben mag, erzählen die Texte und Bilder dieses Buches anrührende und faszinierende Geschichten.

»Es wächst der Mensch mit seinen größeren Zwecken« – dieses Wort aus Schillers »Wallenstein« gilt in der Politik nur eingeschränkt, im Familienleben aber mit beruhigender Verlässlichkeit. Respekt den Eltern, die sich von der Liebe zu ihren Kindern tragen lassen!

Professor Dr. med. Wolfram Henn

Prof. Dr. Wolfram Henn, 1961 geboren, ist Facharzt für Humangenetik und leitet die genetische Beratungsstelle der Universität des Saarlandes. Schwerpunkte seiner wissenschaftlichen Arbeit sind ethische Probleme humangenetischer Diagnostik und psychosoziale Aspekte genetischer Beratung.
Neben der wechselnden Mitarbeit in zahlreichen wissenschaftlichen Institutionen wurde er 2007 vom Deutschen Down-Syndrom-Infocenter mit dessen Preis »Moritz« ausgezeichnet. - Prof. Henn ist außerdem stellvertretender Vorsitzender der zentralen Ethikkommission der Bundesärztekammer.

WAS DIESES BUCH WILL

Die Mitteilung ein Kind zu erwarten, das eine Behinderung aufweisen wird, ist dramatisch und stellt die Eltern unversehens vor eine oft als hoffnungslos empfundene Situation. Ohnmacht, Hilflosigkeit und Angst, manchmal auch Wut und das Gefühl der Ungerechtigkei verdrängen von einem Augenblick zum anderen die frohe Erwartung und das empfundene Glück über die Schwangerschaft. Ähnlich geht es Eltern, bei deren Kind eine Entwicklungsstörung auffällig wird. Wenn sie erfahren, dass eine grundlegende, oft genetisch bedingte Erkrankung vorliegt, müssen sie sich oft von der Hoffnung lösen, dass sich ihr Kind normal entwickeln wird.

Der Umgang mit diesen schwierigen Situationen prägt den Berufsalltag vieler Ärzte, die Befunde mit einer derart großen Tragweite übermitteln müssen. Trotz alledem Zuversicht zu vermitteln ist in einem Gespräch nicht immer einfach, besonders dann nicht, wenn man selbst die Person ist, die die schlimme Nachricht überbringt. Andererseits erleben wir, dass Eltern unklar erkrankter Kinder mit der Mitteilung einer Diagnose auch Ruhe finden können. Die Diagnose beendet dann eine nicht selten jahrelang während Unsicherheit über die Ursache der Entwicklungsstörung, die von der Angst geprägt ist, den Zeitpunkt wichtiger therapeutischer Interventionen zu verpassen.

Nicht selten sehe ich in den Folgejahren Eltern, die trotz der Einschränkungen ihrer Kinder eine große Zuversicht und Zufriedenheit ausstrahlen, ohne dabei die Mühen und Probleme, die sich aus der Erkrankung ihrer Kinder ergeben, zu verdrängen. Dann wünsche ich mir, dass in einem solchen Moment Eltern dabei sein könnten, die eben erst von der bleibenden Behinderung ihres Kindes erfahren haben. Ich wünsche mir, diesen Eltern etwas von der Zuversicht der anderen Eltern, die sie im Verlauf des Lebens mit ihren Kindern erworben haben, vermitteln zu können. Aus diesem Wunsch heraus entstand die Idee für dieses Buch.

Im Jahr 2010 hatte ich das Glück, Charlotte Fischer kennenzulernen, die seit langem in vielen anthroposophischen Einrichtungen als Fotografin tätig ist. Darauf angesprochen, ob Sie bereit wäre mit mir ein Buch zu gestalten, das Eltern von Kindern mit genetischen Krankheitsbildern Zuversicht trotz der Behinderung ihres Kindes vermitteln soll, stimmte sie unmittelbar zu und war begeistert von dem Gedanken.

Ich fand Eltern, die sich für die Geburt ihres Kindes mit Down-Syndrom entschieden hatten, und Eltern eines Jungen mit einem Fragilen X-Syndrom, die bereit waren, ihre Erfahrungen in einem Gespräch mitzuteilen und auch über die Fotografien einen Einblick in ihr Leben zu geben.

Frau Fischer stellte auch den ersten Kontakt zur Christophorus Lebens- und Arbeitsgemeinschaft Laufenmühle her, einer anthroposophischen Einrichtung im Baden-Württembergischen Welzheim, in der erwachsene Menschen mit Behinderungen unter Betreuung leben und arbeiten können. Dieter Einhäuser, Leiter und Vorstandsvorsitzender der Einrichtung Laufenmühle, überzeugte die Idee des Buches und er vermittelte den Kontakt zu Eltern und Betreuern einiger in der Laufenmühle lebender Menschen. Sein Sohn Philip Einhäuser war mit viel Sprachgefühl bei der authentischen Verschriftlichung der Gespräche behilflich. In der Laufenmühle fanden vor allem die Gespräche mit Eltern und Betreuern bereits erwachsener Menschen mit chronischen Einschränkungen statt. Die Eltern und Betreuer lassen dabei zum Teil tiefe Einblicke in ihr Gefühlsleben, ihr Wertesystem und auch ihren Lebensweg zu. Dies ist sicher nicht immer einfach und erfordert vor allem auch im Hinblick auf eine Veröffentlichung viel Mut.

Ein sehr großer Dank gehört deshalb den Eltern und Betreuern, die bereit waren, offen zu reden und so dieses »Mutmachbuch« für andere Eltern überhaupt erst ermöglicht haben.

Der Gedanke, mit diesem Gespräch vielleicht anderen Eltern, die eben erst von der Behinderung ihres Kindes erfahren haben, eine Hilfe sein zu können, ihnen Zuversicht zu vermitteln, hat sicherlich entscheidend dazu beigetragen, so offen zu sprechen.

Dass auch Ängste und Befürchtungen offen geschildert werden, aber letztlich doch eine positive Lebenseinstellung bei allen Gesprächspartnern zum Tragen kommt, bei der die mit und durch das Kind erlebten Erfahrungen nicht nur belastend, sondern im Rückblick durchaus auch als eine besondere Art von Bereicherung wahrgenommen werden, macht die Texte so glaubwürdig.

Dr. med. Barbara Oehl-Jaschkowitz

Barbara Oehl-Jaschkowitz

Charlotte Fischer

HENRI
aus Sicht der Mutter

Bei Henri wurden in der 23. Schwangerschaftswoche bei einer routinemäßigen Ultraschalluntersuchung zunächst ein Herzfehler und wenige Tage später das Down-Syndrom diagnostiziert. Seine Eltern – nach zwei problemlosen Schwangerschaften völlig unvorbereitet auf diese Diagnose – wussten zwar schnell, dass ein Schwangerschaftsabbruch nicht in Frage kommt, konnten sich aber mit dem Gedanken an eine Trisomie 21 (siehe hierzu auch »Wichtige Fachbegriffe« im Anhang) nur langsam anfreunden.

Henris Leben ist seit der Geburt immer wieder von komplizierten und riskanten Operationen am Herzen bestimmt. Dennoch hat sich vieles positiver entwickelt, als es die Eltern je gedacht hatten.

In einem Waldorfkindergarten hatte er eine glückliche Kindergartenzeit. Heute besucht er als Integrationskind die dritte Klasse einer Montessori-Schule, wo er große Fortschritte macht. Auch Radfahren hat der kleine Abenteurer gelernt.

Den vielleicht größten Schritt ist aber die ganze Familie gemeinsam gegangen: Sie hat manche Angst in Zuversicht verwandelt, ist durch Henri noch enger zusammengewachsen und erfährt heute jeden Tag aufs Neue, was Lebensfreude bedeutet. Henris Eltern haben eine Webseite eingerichtet, auf der sie sehr offen von seiner Entwicklung erzählen. Die Reaktionen im Gästebuch lassen erahnen, wie viel Mut Henris Geschichte auch anderen Betroffenen macht.

Barbara Oehl-Jaschkowitz:
Ihr Sohn Henri ist im August geboren. Sie wussten zu dem Zeitpunkt bereits, dass er nicht gesund ist. Wie ist die Geburt verlaufen?

Frau D-V.:
Um kein Risiko einzugehen, hatten wir uns für eine Geburtsklinik mit angeschlossener Kinderintensivstation entschieden. Obwohl uns die Ärzte vorher gesagt hatten, dass Henri vermutlich auf normalem Wege zur Welt kommen könne, wurde aufgrund der Herzproblematik letztendlich doch ein Kaiserschnitt gemacht. Denn nach einigen Stunden mit nur leichter Wehentätigkeit sind die Herztöne bei jeder Wehe abgefallen. Im Gegensatz zu anderen Geburten war das Belastende nicht der Wehenschmerz als solcher, sondern die Sorge um das ungeborene Kind. Ich habe jede Wehe als Bedrohung für unser Kind erlebt und mich schließlich, auch wenn noch keine akute Notfallsituation gegeben war, für einen Kaiserschnitt entschieden. Ärzte und Pflegepersonal waren sehr einfühlsam — wir haben uns in der Klinik gut aufgehoben gefühlt. Für den Kaiserschnitt bekam ich eine lokale Betäubung, so dass ich den Verlauf der Geburt bei vollem Bewusstsein erleben konnte. Mein Mann stand während der OP hinter mir und war der erste, der unseren kleinen Sohn sehen konnte. Henri wurde mir auf den Bauch gelegt und mein erster Eindruck war, dass dieses Kind unglaublich klein ist. Er wog nur zwei Kilo und fühlte sich ganz anders an als unsere beiden großen Kinder bei ihrer Geburt. Er war so klein und zart. Als nächstes ist mir die besondere Ausstrahlung dieses Babys aufgefallen: Von Henri ging etwas ganz Friedliches aus — er lag da mit einem leichten Lächeln auf dem Gesicht.

Erfolgte die Geburt zum Termin?

Henri kam zwei Wochen vor dem errechneten Termin zur Welt. Da das Fruchtwasser bei der Geburt schon ein wenig grün war, wäre es sicher nicht gut gewesen, wenn die ersten Wehen erst später eingesetzt hätten.

Henris Geburt ging schon eine Geschichte voraus. War sein Herzfehler Ihrem Frauenarzt beim Ultraschall aufgefallen?

Nein, der Herzfehler wurde erst beim Feinultraschall in der Klinik entdeckt.

Warum ist der Ultraschall überhaupt in der Klinik gemacht worden?

Mein Frauenarzt schickt alle seine Patientinnen etwa in der 22. Schwangerschaftswoche zum Feinultraschall in die nahe gelegene Universitäts-Frauenklinik — auch wenn keine Verdachtsmomente für eine Fehlbildung vorliegen. Natürlich hätte ich nicht hingehen müssen, aber ich habe mich, wie wohl die meisten Frauen in dieser Situation, auf detailliertere Bilder meines Babys gefreut. Mein Frauenarzt gab mir noch einen Rat mit auf den Weg: »Lassen Sie sich nicht verrückt machen, wenn der Arzt in der Klinik von zu viel Fruchtwasser spricht. Das sagt er bei allen Frauen.« Ironischerweise waren genau das die ersten Worte des Gynäkologen in der Klinik und ich war daher vollkommen arglos. Der Alptraum begann erst, als er nach einiger Zeit von erweiterten

Ventrikeln, also mit Gehirnwasser gefüllten Hohlräumen im Gehirn und später auch von einem Herzfehler gesprochen hat — darauf war ich nicht vorbereitet.

Wir haben Sie den Moment erlebt, als Sie erfuhren, Ihr Kind hat eine angeborene Fehlbildung?

Zunächst habe ich gehofft, dass sich der Gynäkologe täuscht und der direkt im Anschluss an den Feinultraschall zu Rate gezogene Kinderkardiologe aus der benachbarten Kinderklinik seinen Verdacht korrigiert. Ich konnte mir in diesem Moment nicht vorstellen, dass unser Kind herzkrank sein sollte. Im Nachhinein ist mir klar, wie naiv und vielleicht auch anmaßend dieses Denken war. Als der Kinderkardiologe dann beim Herzultraschall die Diagnose des Gynäkologen bestätigt hat, ist für mich eine — bis dahin heile — Welt zusammengebrochen. Besonders hat mich getroffen, dass das Herz das kranke Organ ist, gerade das Herz.
Es hat mich ein wenig getröstet, als der Kinderkardiologe sagte, dass der Herzfehler operabel sei und das Kind relativ gute Überlebenschancen habe. Natürlich hatte ich in diesem Moment keine Vorstellung, was eine Herz-OP bedeutet. Ich wusste auch nicht, dass es mit einer einzigen OP nicht getan sein würde.
Der komplexe Herzfehler trat, als einige Tage später das Down-Syndrom diagnostiziert wurde, zunächst in seiner Bedeutung zurück. Wir sagten uns zu diesem Zeitpunkt, dass man den Herzfehler operieren könne, das Down-Syndrom jedoch nicht.

Sie waren bei der Erstdiagnose des Herzfehlers bereits in der 23. oder 24. Schwangerschaftswoche. Wie alt waren Sie zum Zeitpunkt der Schwangerschaft?

Ich war 37 geworden.

Die Empfehlung der Frauenärzte zur Durchführung einer Fruchtwasseruntersuchung aus so genannter Altersindikation besteht ab dem 35. Lebensjahr. Hatten Sie sich zunächst mehr oder weniger bewusst gegen eine invasive Pränataldiagnostik, also eine Fruchtwasseruntersuchung entschieden?

Eine Fruchtwasseruntersuchung habe ich mir nie vorstellen können. Ehrlich gesagt habe ich nach zwei völlig problemlosen Schwangerschaften auch gar nicht in Erwägung gezogen, dass etwas nicht in Ordnung sein könnte.

Vielleicht haben Sie einfach auch — und das ist legitim — auf das Normale gehofft. Glücklicherweise ist es ja auch häufiger der Fall, dass alles normal verläuft.

Davon sind wir ausgegangen. Andererseits waren mein Mann und ich uns schon vorher — ganz unabhängig von dieser Schwangerschaft — einig, dass wir ein Kind grundsätzlich so annehmen würden, wie es ist.

Auf Ihrer Internetseite schildern Sie auch, dass Sie sich zum Teil in eine Entscheidungssituation hinein manövriert gefühlt haben, bei der es um die existentielle Frage ging: Schwangerschaftsabbruch, ja oder nein? Dabei war die Schwangerschaft bereits weit fortgeschritten und Ihnen blieb wenig Zeit. Ein für mich sehr eindrücklicher Satz lautet: »Wogegen sollte ich mich entscheiden? Die Entscheidung war schon gefällt. Er war ja bereits da.«

Genauso habe ich es empfunden. Es ging nicht um die Frage, ob ich dieses Kind haben will oder nicht. Es war bereits seit fünf Monaten in meinem Bauch und bewegte sich so, wie ich es von meinen anderen Kindern kannte. Und dennoch: Nach der Diagnose der Fruchtwasseruntersuchung standen wir plötzlich vor der Aufgabe, uns innerhalb einer Nacht für oder gegen das Kind zu entscheiden.

Welche Gedanken gingen Ihnen in dieser Nacht durch den Kopf?

Ich war in einem absoluten Ausnahmezustand und konnte kaum einen klaren Gedanken fassen. Mein Mann und ich waren uns sicher, dass die schönen Jahre, in denen wir unser Familienleben mit unseren beiden Kindern so genossen hatten, mit der Geburt des Kindes ein jähes Ende haben würden. Hinzu kam, dass wir nun eine Entscheidung treffen sollten, von der wir wussten, dass sie vermutlich nicht so ausfallen würde, wie unser Umfeld es von uns erwartete. Die Situation wäre für mich und auch für meinen Mann sicher erträglicher gewesen, wenn man uns zu dieser Diagnose nicht auch die Entscheidung über das Leben unseres Kindes aufgebürdet hätte. Uns war klar, dass wir im Falle der Fortsetzung der Schwangerschaft nicht nur mit einem behinderten Kind, sondern auch mit dem stillen Vorwurf unseres Umfeldes zu leben hätten, dass wir es ja nicht anders gewollt hätten.

Ich war gefangen in Gefühlen von Angst und Trauer und sah nur eine Möglichkeit, aus dieser Situation herauszukommen: Wenn das Kind sich von sich aus verabschieden würde, trügen nicht wir die Verantwortung … ein schlimmer Gedanke …

… nein, das ist nachvollziehbar!

Nachdem wir uns gegen einen Abbruch entschieden hatten, habe ich tatsächlich gehofft, das Kind möge sich verabschieden.

Eine Entscheidung der Natur sozusagen?

In dieser Nacht habe ich mir vorgestellt, dass der Arzt am nächsten, alles entscheidenden Morgen beim Ultraschall feststellen würde, dass es dem Kind nicht gut geht und ich vielleicht eine Fehlgeburt haben würde. Aber das Gegenteil war der Fall: »Das Kind ist vital und lebendig, es geht ihm gut«, sagte er.

Nach der Diagnose »Herzfehler« wurde von den Ärzten empfohlen, eine Fruchtwasseruntersuchung machen zu lassen. Sie fragten daraufhin nach — so entnimmt man es Ihrer Internetseite —, ob das unbedingt sein müsse.

Im Anschluss an den Ultraschall durch den Kinderkardiologen und dessen Diagnose musste ich wieder in die Frauenklinik. Ich wartete in einem kleinen Zimmer auf den Gynäkologen, auf dem Tisch lag ein Formblatt — Einverständnis zur Fruchtwasseruntersuchung. Er kam ins Zimmer und sagte mir sehr direkt, dass es bei diesem Herzfehler eine hohe Wahrscheinlichkeit gebe, dass das Kind

Down-Syndrom hat. Ich bin aus allen Wolken gefallen, antwortete ihm aber, dass ich das Kind nicht abtreiben würde — selbst, wenn es Down-Syndrom hätte — und deshalb keinen Sinn in einer Fruchtwasseruntersuchung sehe. Daraufhin erklärte er mir, dass das Baby auch eine Trisomie 13 oder 18 aufweisen könne.

>>

Es war eine Art Gerechtigkeits-empfinden – dass es uns nicht zusteht, das Leben dieses Kindes zu beenden.

«

Er erklärte mir, dass die Kinder mit einer solchen Trisomie nur eine sehr begrenze Lebenszeit hätten — wenige Stunden bis ein Jahr. Nach Diagnose einer dieser schweren

Trisomie-Formen würde man direkt die Geburt einleiten. Es war ein sehr kurzes und aus meiner Sicht seitens des Gynäkologen wenig einfühlsames Gespräch.

Er wollte, dass wir die Fruchtwasseruntersuchung direkt machen lassen. »So haben Sie noch vor dem Wochenende das Ergebnis«, waren seine Worte. Erst zu diesem Zeitpunkt konnte ich meinen Mann auf der Arbeit anrufen und ihm von den Ereignissen der letzten Stunden erzählen. Er kam direkt und obwohl es für mich nie eine Option gewesen war, hatte ich eine Stunde nach Diagnose des Herzfehlers die Nadel im Bauch. Der Arzt hat mir mit der Schilderung schlimmer Szenarien derart Druck gemacht, dass ich mich dem weiteren Vorgehen hilflos ausgeliefert fühlte. Ich habe es fast als Verpflichtung empfunden, diese Untersuchung machen zu lassen. Ich sagte mir, im Falle, dass das Kind sowieso sterben würde, wäre es meine Pflicht, ihm durch einen

Schwangerschaftsabbruch unnötiges Leid zu ersparen. Heute würde ich es anders sehen. Aber an diesem Tag ging alles so schnell und es blieb uns keine Zeit, jedenfalls hat man uns das in dieser Situation so vermittelt.

Keine Zeit zu reden und darüber nachzudenken?

Überhaupt nicht! Nachdem der Arzt geschildert hatte, dass unser Kind auch etwas viel Schlimmeres als das Down-Syndrom haben könnte und mir immer wieder in Aussicht gestellt hat, dass wir vor dem Wochenende schon Klarheit haben, wenn wir uns mit einer sofortigen Fruchtwasseruntersuchung einverstanden erklären, habe ich mich darauf eingelassen. Immer noch in der Hoffnung...

Was gab für Sie den Ausschlag für die Entscheidung, die Schwangerschaft fortzusetzen?

Es war eine Art Gerechtigkeitsempfinden — dass es uns nicht zusteht, das Leben dieses Kindes zu beenden. Wir hatten beide das Gefühl, dass wir es nicht tun dürfen.

Im Internet sind Sie in einem Forum auf Frauen gestoßen, die ihre Schwangerschaft aufgrund dieser Diagnose abgebrochen haben. Ihnen ist dabei aufgefallen, dass es oft gar nicht um das Kind geht, sondern man die Entscheidung letztlich wegen sich selbst trifft. Die Kinder selbst sind ja oft glücklich und zufrieden.

Ich habe mich damals über die Zuverlässigkeit und Aussagekraft von Daten einer Nackenfaltenmessung informieren wollen und bin dabei in einem Forum auf Mütter gestoßen, die im Rahmen der Nackenfaltenanalyse erfahren haben, dass ihr ungeborenes Kind mit hoher Wahrscheinlichkeit das Down-Syndrom hat. Nahezu alle Mütter standen kurz vor einem Abbruch oder hatten ihn bereits hinter sich. Sie redeten von ihren »Kindern auf der Sternenwiese, wie sie sich dort oben treffen und miteinander spielen«. Fast alle sprachen von ihrer »Verantwortung«, für das Kind entscheiden zu müssen, weil das Ungeborene selbst ja noch keine Entscheidung treffen könne. Diese Gedanken sind für mich grotesk, käme doch bei einem gesunden und nicht behinderten Kind niemand auf die Idee zu fragen, ob das Kind denn überhaupt leben will. Wie kann es sein, dass man bei einem gesunden Kind wie selbstverständlich davon ausgeht, dass es geboren werden will, aber gleichzeitig größte Zweifel am Lebenswillen eines behinderten Kindes hat?

Das stellen Sie sehr gut heraus! Wer entscheidet für ein gesundes — also ein nach Pränataldiagnostik vermeintlich gesundes — Kind, ob es leben darf und da sein möchte oder nicht?

Dieser Punkt hat mich in dem Forum am meisten irritiert — dass sich alle Frauen mit der Frage beschäftigt haben, ob ihr Kind leben will oder nicht. Ich kann sehr gut nachvollziehen, wenn betroffene Mütter sich nicht auf ihre Kinder mit Down-Syndrom freuen. Vermutungen wie »das Kind will vielleicht gar nicht leben und auf der Sternenwiese ist es schöner, da können sich alle treffen« sind meines Erachtens jedoch konstruiert. Indem man sagt, das behinderte Kind wolle vermutlich gar nicht leben, schiebt man die Verantwortung für den Abbruch dem Kind zu — man handelt ja in seinem Sinne.

Nach der Diagnose »Down-Syndrom« war mir klar, dass ich diejenige bin, die große Vorbehalte hat, mit einem behinderten Kind zu leben, es zu begleiten. Auf den Gedanken,

»

Indem man sagt, das behinderte Kind wolle vermutlich gar nicht leben, schiebt man die Verantwortung für den Abbruch dem Kind zu.

«

dass das Kind vielleicht lieber erst gar nicht in unsere Familie kommen wollte, kam ich nicht. Meine Furcht war nur, dieses Ungeborene könnte aufgrund so vieler Defizite meinen Ansprüchen an ein Kind nicht gerecht werden und ich wäre ihm deshalb eine schlechtere Mutter als den beiden Kindern, die es uns so leicht gemacht hatten, sie zu lieben.

Sie beschreiben Ihre Angst, das Kind nicht annehmen zu können.

Im Grunde eine sehr kopflastige Angst. Ich fürchtete zum Beispiel, dass ich das Kind hässlich finden könnte (lacht), wo doch die beiden anderen so schön waren. Ich war so angetan von unseren beiden »gesunden, schönen und klugen Kindern«, dass ich mir kaum vorstellen

konnte, dass ein Kind mit Down-Syndrom bei uns genausogut aufgehoben wäre. Sie machten es uns ja leicht, sie zu lieben, aber ein Kind mit Down-Syndrom?

Es kam dann ganz anders. Was bewirkte Henri in Ihrer Familie?

Zunächst einmal eine neue Wertschätzung von Leben und Gesundheit, schon in der Schwangerschaft. Mit Sätzen wie »Gesundheit ist das Allerwichtigste« oder »ich wünsche dir vor allem Gesundheit« konnte ich früher wenig anfangen. Seit Henri weiß ich um die tiefe Wahrheit darin. Wenn Sie ein schwer krankes Kind haben, tritt alles andere hinter der Krankheit und der Bedrohung durch diese Krankheit zurück. In den kritischen Zeiten, wo wir um Henris Leben bangten, war mein Gefühlsleben eigentlich nur von Henris aktuellem Zustand bestimmt. Besorgte Blicke des Klinikpersonals und noch mehr ungünstige Befunde haben mich so tief getroffen, dass ich kaum mehr empfänglich war für schöne Momente, die es ja auch immer noch gab. Waren die Ärzte zuversichtlich, war ich fast glücklich. Henri hat uns auch eine neue, ganz andere Lebensfreude geschenkt. Etwas, womit wir nie gerechnet hätten.

Trotz der vielen Probleme, die sich noch ergeben haben?

Ja. Ich hatte in der Schwangerschaft Bücher und Artikel gelesen, in denen Eltern von Kindern mit Down-Syndrom von der großen Lebensfreude ihrer Kinder berichtet haben und konnte mir kaum vorstellen, dass ein solches

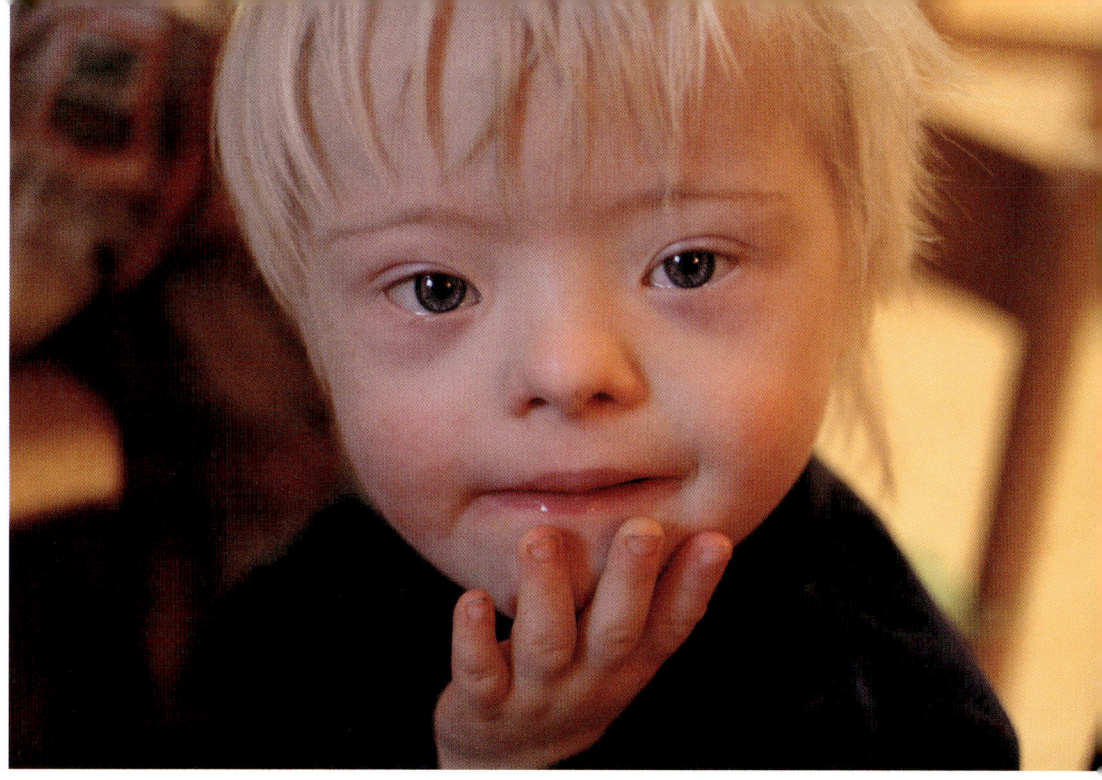

Kind tatsächlich das Familienleben bereichert. In den ersten Monaten nach der Diagnose habe ich unser zukünftiges Leben mit
einem behinderten Kind deshalb auch eher
als Aufgabe betrachtet, die ich zu bewältigen
habe. Ich konnte auch nicht nachvollziehen,
dass man ein behindertes, krankes Kind genauso lieben kann wie ein anderes, dem
Wunschbild der meisten Eltern entsprechendes. Schon in den letzten Wochen der
Schwangerschaft, aber noch mehr ab dem
Tag der Geburt, waren alle meine Zweifel dahin. Welch ein Glück!

*Ist es wichtig, diese Erfahrung nach außen hin
zu äußern?*

Ja, und dabei denke ich nicht nur an die
Gesellschaft im Allgemeinen, sondern insbesondere an Eltern, die in einer ähnlichen Situation

stehen wie wir damals. Mir hätte es sehr geholfen, eine betroffene Familie kennenzulernen und zu erleben, dass »ein solches Kind«
mittendrin steht und mit seinen Eltern und
Geschwistern ganz besonders innig verbunden ist. Auch wenn er manchmal aus Wut mit
Sachen um sich wirft und öfter mal in die Hose
pinkelt, weil er vergisst, auf die Toilette zu
gehen: Henri ist tagtäglich eine solche Bereicherung, wie es sich niemand hätte vorstellen
können.

*Ein Herzfehler kann oft einigermaßen einfach
und gut operiert werden. Auch bei Henri
hatte man das in den Ultraschalluntersuchungen in der Schwangerschaft zunächst
angenommen. Nach der Geburt hat sich aber
herausgestellt, dass ein schwererer Herzfehler
vorlag. Das hat wochenlange Krankenhausaufenthalte und Mehrfachoperationen nach*

sich gezogen und auch in der Zukunft werden weitere Operationen notwendig sein. Hätten Sie sich vielleicht doch gegen die Schwangerschaft entschieden, wenn Ihnen das vorher bekannt gewesen wäre?

Nein, sicher nicht. Henris Lebensqualität ist durch den Herzfehler nicht so sehr eingeschränkt, dass sein Leben nicht lebenswert wäre. Er leidet auch nicht darunter.

Auch nicht unten den Operationen?

Doch, unter den OPs und den damit verbundenen Krankenhausaufenthalten leidet er mit zunehmendem Alter immer mehr. Er weiß mittlerweile, dass sie mit Schmerzen verbunden sind und er fürchtet Spritzen und das Anlegen einer Infusion. Aber er ist in diesen Zeiten nie allein. Wir organisieren alle Klinikaufenthalte so, dass immer jemand von uns bei Henri ist. In diesem einen Falle ist das Down-Syndrom eher eine Erleichterung, denn Henri weiß natürlich nicht, mit welchen Gefahren sein Herzfehler und die OPs einhergehen. Leider schaffen es nicht alle betroffenen Kinder — manche sterben an ihrem Herzfehler, andere überleben die schweren Operationen nicht. Aber von denen, die überleben — und das ist die große Mehrheit — haben die meisten ein relativ gutes Leben. Sie können vielleicht nicht so schnell und ausdauernd rennen oder dürfen nur eingeschränkt am Schulsport teilnehmen. Ein lebenswertes Leben haben sie trotzdem.

Hier schließt sich wieder der Kreis zur vorgeburtlichen Diagnostik und man kann durchaus erkennen, dass es nicht um die Frage geht, ob das Kind leben will oder nicht.

Wenn die Gedanken vor allem auf das eigene Empfinden gerichtet sind und nicht auf das noch ungeborene Kind und sein Recht, zu leben, ist es schlüssig, dass Ängste und Befürchtungen zum Abbruch führen. Mich trifft dabei nicht nur die Tatsache, dass ein Mensch das Leben eines anderen beendet, sondern die Rechtfertigung, der Abbruch sei zum Wohle des Kindes.

> »
> *Es ging nicht um die Frage, ob ich dieses Kind haben will oder nicht. Es war bereits seit fünf Monaten in meinem Bauch und bewegte sich so, wie ich es von meinen anderen Kindern kannte. Und dennoch: Nach der Diagnose der Fruchtwasseruntersuchung standen wir plötzlich vor der Aufgabe, uns innerhalb einer Nacht für oder gegen das Kind zu entscheiden.*
> «

Wenn eines meiner bis dahin völlig gesunden Kinder plötzlich schwerst pflegebedürftig würde ...

… Sie meinen, wenn ein Kind beispielsweise einen Unfall hätte, würden Sie hinterher auch nicht überlegen: Will ich es jetzt noch, wenn es so schwer verunglückt ist?

Ja, ich glaube nicht, dass zum Beispiel Eltern, deren Kind im Koma liegt, sich diese Frage stellen.

In der Pränataldiagnostik wird ein Schwangerschaftsabbruch offiziell nicht aus kindlicher, sondern ausschließlich aus mütterlicher Indikation durchgeführt. Es geht dabei immer um die Frage der Zumutbarkeit für die Mutter und damit also offiziell gerade nicht um die Frage, ob ein Leben mit Behinderung »lebenswert« ist.
Ein großes Problem stellt aber eine Art Automatismus dar, in den Frauen in Zusammenhang mit der vorgeburtlichen Diagnostik hineinrutschen können. Diesen Automatismus haben auch Sie in gewisser Weise ab dem Moment erlebt, wo Sie zum Ultraschall geschickt wurden. Kann man sagen, dass Sie dennoch den Raum hatten, um in dieser Situation Ihren eigenen Weg zu gehen? Oder würden Sie sagen, dass es eigentlich nur ein ganz tiefer Grundton in Ihnen war, der sagte: »Ein Abbruch kommt für mich nicht in Frage«?

Letzteres trifft es. Bei einer Bekannten habe ich drei Schwangerschaftsabbrüche und auch den vorherigen Entscheidungsprozess miterlebt. Ich hätte mir nicht angemaßt, zu sagen, dass ich nie abtreiben würde. Ich habe nur gehofft, nie in eine Situation zu kommen, in der ich einen Abbruch in Erwägung ziehen müsste. Als ich dann tatsächlich, ohne dass ich

es wollte, vor die Entscheidung gestellt wurde, habe ich gemerkt, dass eine Abtreibung nicht mein Weg sein kann.

Wenn wir auf das familiäre Umfeld blicken: Wie war es für die Großeltern, ein Kind mit Down-Syndrom zu haben?

Vor allem in der Schwangerschaft war es nicht einfach für sie. Das Thema Behinderung war für sie — wie auch für uns Eltern — zuvor nie persönlich greifbar. Behinderte Kinder haben in der Regel halt nur die anderen. Heute lieben sie Henri wie die anderen Enkel und sind auch stolz auf den kleinen Kämpfer. Die Situation mit Henri ist eine ganz andere als die, die sie früher im Dorf erlebt haben, als Eltern ihre behinderten Kinder aus Scham versteckt haben.

Wie ist es für Sie, mit Henri nach draußen zu gehen, in den Kindergarten, in die Schule oder zum Einkaufen?

Ich habe fast ausschließlich positive Erfahrungen gemacht. Das liegt vermutlich im Wesentlichen an meiner Einstellung zu Henri. Mein Umgang mit ihm überträgt sich wohl auch auf das Umfeld. Die meisten schauen ihn offen und auch sehr wohlwollend an. Für die meisten scheint das Down-Syndrom im Sinne einer Behinderung im Hintergrund zu stehen. Sie sagen zum Beispiel »ist der süß«, »der hat aber schöne Haare« oder »so sind eben die Jungs«.
Nur einmal musste ich eine richtig schlechte Erfahrung machen: Im Drogeriemarkt habe ich mich auf meine Einkäufe konzentriert, während Henri durch den Laden gelaufen ist.

Ich habe ihn gewähren lassen, denn er hat zwar laut vor sich hin geredet und ist von einem Regal zum nächsten, aber er hat nichts ausgeräumt und hat sicher auch niemanden belästigt. Nur eine ältere Frau kam fast schreiend auf mich zu, ich solle mich um mein Kind kümmern, es stelle den ganzen Laden auf den Kopf. Henri hatte keineswegs den Laden auf den Kopf gestellt, aber aufgrund seines Anders-Seins empfand ihn die Frau wohl als Zumutung. Sie war so außer sich, dass sie mir vorgeworfen hat, ich hätte Henri nicht richtig erzogen. Ein Vorwurf, der mich in diesem Moment tief getroffen hat. Denn auch bei Henri, gerade bei ihm, ist uns eine gute Erziehung sehr wichtig. Ich denke, dass gutes Benehmen bei einem behinderten Kind sehr hilfreich ist, um gesellschaftlich akzeptiert und integriert zu werden.

Henri ist jetzt zehn Jahre alt und geht in die dritte Klasse einer Montessori-Schule. Seine Einschulung musste durch die langen Krankenhausaufenthalte verschoben werden. Zuvor war er lange im Waldorfkindergarten. Wie war die Zeit dort?

Es war eine wunderschöne Zeit, für ihn und für uns. Er war dort so gut aufgehoben — dabei hatte er keine Integrationshelferin, sondern war vom Status einfach ein Kind wie die anderen. Aber nicht nur Henri hat von der Hilfsbereitschaft der anderen Kinder profitiert — er war auch eine Bereicherung für die anderen und für das soziale Miteinander. Henri liebte seinen Kindergarten sehr und hat beim Abschied am letzten Tag geweint.

Wie kamen Sie zu der Montessori-Schule, die Henri seit dem dritten Schuljahr besucht?

Henri wurde in der ersten Klasse in einer Regelschule als Integrationskind eingeschult. Diese Schule hatte einige ausgebildete Montessori-Lehrerinnen, die Montessori-Elemente in den Unterricht eingebracht haben. Das Konzept schien uns für Henri sehr passend und als eine der Lehrerinnen eine private Montessori-Schule gründete, haben wir Henri dort angemeldet. Auch diese Schule besucht er als Integrationskind, das heißt im Unterricht ist immer eine Integrationshelferin, die ihn unterstützt. Außerdem kommt zweimal in der Woche eine Förderlehrerin, die Henris Lehrplan mit der Klassenlehrerin abstimmt. Henri macht gute Lernfortschritte und fühlt sich in seiner Klasse sehr wohl. Er geht richtig gern in die Schule und dafür sind wir sehr dankbar.

Sie hatten in den vergangenen zehn Jahren mit Henri sehr viel Kontakt mit Kliniken, Ärzten, Therapeuten und Krankenschwestern. Was waren die schlimmsten Momente, wenn Sie jetzt zurückdenken?

Am schlimmsten waren sicher die Stunden und Tage nach der ersten großen Herz-OP. Henri war neun Monate alt. Die Operation dauerte länger als geplant und das Warten war kaum auszuhalten. Als der freundliche Oberarzt schließlich zu uns kam, sagte er, die Situation sei kritisch, aber nicht hoffnungslos. Wenn man diese Worte ganz sachlich auffasst, sollte eigentlich kein Grund zur Panik bestehen. Ich habe mir jedoch die ganze Zeit im Warteraum nur vorgestellt, wie Henri um sein Leben kämpft und dass keiner weiß, ob er überleben wird. Als wir zwei Stunden später zu ihm durften, haben mir nicht die Zugänge und Kabel Angst gemacht, sondern nur die Vorstellung, er könnte es nicht schaffen. Heute weiß ich, dass nach einer solch großen Herz-OP ein kritischer Zustand durchaus normal ist und nicht zwangsläufig das Schlimmste bedeuten muss. Aber in dieser Zeit habe ich nicht gewagt, vom Bett wegzugehen, vor lauter Angst, es könne genau dann etwas Schlimmes passieren. Ich hätte mir so sehr gewünscht, dass einer der Ärzte sagte, dass es gut gehen würde.

Das hat Ihnen ein bisschen gefehlt?

Ja, auch wenn mir sehr klar ist, dass in solch einer Situation kein Arzt eine Garantie geben kann. Und dennoch: Fünf Jahre später — vor Henris zweiter großer Herz-OP — kam der leitende Professor der Kinderkardiologie spät abends nochmals auf die Station. Henri hat schon geschlafen und ich saß am Laptop und habe einen Text für Henris Website geschrieben. Der Professor muss geahnt haben, wie es mir geht … er hat mich ganz still in den Arm genommen und nur gesagt: »Es wird gut.« Ich denke, er konnte nicht wissen, ob es wirklich gut geht, aber diese drei Worte waren genau das, was ich in diesem Moment gebraucht habe. Sie haben mir geholfen, in die Nacht und am nächsten Tag mit Henri zur OP-Schleuse zu gehen. An diesem »Es wird gut« habe ich mich die ganze Zeit festgehalten.

Erinnern Sie sich noch an andere gute Situationen?

Auch die Betreuung durch unseren Kinderarzt ist außerordentlich gut, und zwar nicht nur auf der medizinischen, sondern auch auf der menschlichen Ebene. Vor einem Jahr durften wir eine weitere gute Erfahrung machen. Henris dritte Herz-OP wurde im Kinderherzzentrum Sankt Augustin durchgeführt. Dieses ist auf die Behandlung angeborener Herzfehler spezialisiert. Auch dort wurde Henri sowohl medizinisch als auch menschlich sehr gut betreut. Dankenswerterweise geht der Trend in der Kinderherzmedizin immer mehr weg von der rein medizinischen Versorgung des kranken Kindes. Man hat erkannt, wie wichtig es ist, die Eltern in die Behandlung einzubeziehen.

Vielen Dank für das Gespräch.

HENRI
aus Sicht des Vaters

Barbara Oehl Jaschkowitz:
Henri ist Ihr drittes Kind. War er ein Wunsch-
kind?

Herr V.:
Ja, er war ein Wunschkind.

Wo waren Sie, als Ihrer Frau mitgeteilt wurde,
dass die Schwangerschaft nicht in Ordnung sei?

Meine Frau hat mich auf der Arbeit angerufen
— damals noch in Saarbrücken an der Uni. Ich
hatte die Möglichkeit, direkt loszufahren und
war etwa eine halbe Stunde später bei ihr.
Zunächst wurde der Herzfehler von Henri diagnostiziert, dieser für Kinder mit Down-Syndrom typische AV-Kanal (siehe auch »Wichtige Fachbegriffe« im Anhang). Wenn ich

mich richtig erinnere, hat der Mediziner dann
auch gleich eine Fruchtwasseruntersuchung
empfohlen. Wir waren natürlich beide erst
einmal geschockt und wussten im ersten Augenblick gar nicht, was wir denken sollten.
Später haben wir dann zwar die Fruchtwasseruntersuchung machen lassen, allerdings mit
dem Gefühl, dass uns das mehr von dem Arzt
aufgedrückt worden war. Hätten wir die Zeit
gehabt, uns zu besinnen oder entsprechend
klar zu werden, wäre sie für uns eigentlich un-
nötig gewesen. Es hat uns zwar den Vorteil
verschafft, dass wir die Diagnose dann genau
kannten, aber auf unsere Entscheidung hat
das letztendlich keinen Einfluss gehabt.

Wie viel Zeit blieb zwischen der Diagnose des
Herzfehlers und der Fruchtwasseruntersuchung?

Ich bin mir nicht mehr ganz sicher, aber ich glaube, es war noch am selben Tag.

Sie hatten also nicht viel Zeit zu reflektieren?

Nein, dazu war keine Zeit, gar nicht!

Dann kam einige Tage später die Diagnose Trisomie 21. Wie haben Sie das erlebt? Waren Sie bei der Diagnosemitteilung dabei?

Ja, wir hatten gemeinsam einen Termin in der Frauenklinik. Für mich war die Diagnose niederschmetternd. Beim Herzfehler hatte ich zunächst gedacht: der ist operabel! Es war zwar ein Schock, aber ich rechnete mir trotzdem hohe Chancen auf ein gutes Leben aus. Ganz anders mit der Diagnose Trisomie: hier konnte ich einfach nicht richtig einschätzen, was das für uns bedeutet.

Hatten Sie sich vorher schon einmal mit dem Down-Syndrom auseinandergesetzt, kannten Sie Betroffene?

Ich kannte das Down-Syndrom, aber näher damit auseinandergesetzt hatte ich mich bis dahin noch gar nicht. Im ersten Augenblick hat man auch gar nicht auf das Kind geschaut, sondern erst einmal durch die eigene Brille geguckt. Und erst im zweiten Schritt, als ich nach zwei, drei Tagen diesen Schock verdaut hatte, war für mich die Möglichkeit da, den Blick noch mal zu öffnen und mich auch zu fragen, was damit auf das Kind zukommt.
Es hat mich selbst erst einmal so beschäftigt, dass ich zunächst gar nicht die Möglichkeit hatte, weiterzudenken…

… weil es für einen selbst schon eine Einschränkung darstellt? Stand damit zuerst Ihre persönliche Einschränkung im Vordergrund?

Nicht unbedingt die Einschränkung, sondern ganz allgemein, dass das Leben nun ein anderes sein wird. Bis ich damit umgehen und mich darauf einstellen konnte, das hat schon gedauert.

Konnten Sie dieses Umschwenken auf das Kind dann gemeinsam mit Ihrer Frau erleben? Oder würden Sie rückblickend sagen, das hat sich erst einmal in Ihnen selbst abgespielt?

Ich glaube, dass meine Frau sich schneller darüber klar war, weil sie sich vielleicht vorher auch schon mehr Gedanken gemacht hatte. Ich habe mich erst richtig damit beschäftigt, als die Diagnose gestellt war. Vielleicht war ich da auch ein bisschen blauäugig. Jedenfalls hatte ich den Eindruck, dass meine Frau schneller realisierte, was das alles bedeutete.

Wie ist das Beratungsgespräch in der Humangenetik verlaufen? Was empfanden Sie als positiv, was hätten Sie sich anders gewünscht?

Rein von der Information her war das Gespräch in Ordnung. Aber ich hätte mir gewünscht, einen bildlicheren Eindruck zu bekommen, vielleicht auch ganz konkrete Bilder von Menschen mit Down-Syndrom gezeigt zu bekommen. Neben der Informationsseite spielte sich in diesem Augenblick einfach unglaublich viel auf der emotionalen Ebene ab. Das kam für meine Begriffe bei der Beratung zu kurz.

Es hätte für Sie emotionaler sein dürfen?

Ja, das würde ich vom Gefühl her sagen. Auch wenn es wahrscheinlich ein undankbarer Job ist, ein solches Beratungsgespräch mit Betroffenen führen zu müssen. Sie befinden sich einfach im Schock.

Aber umso besser ist es, wenn man dann weiß: Was ist gut, was nicht, was wollen Betroffene in diesem Moment hören.

Richtig, mir hat in dem Moment eine gute, positive Botschaft gefehlt. Alles wirkte so negativ. Ich hätte mir einfach ein paar unterstützende, beruhigende Worte gewünscht.

Gab es Momente, in denen Sie sich hilflos gefühlt haben?

Direkt nach der Diagnose habe ich mich sehr hilflos gefühlt. Gerade die erste Nacht nach der Diagnose war für mich und meine Frau ganz schlimm. Wir haben beide gar nicht geschlafen, saßen nur auf der Couch, haben gesprochen und geweint. Diese Hilflosigkeit, dass man selber nichts dagegen unternehmen konnte, das war schon schwer auszuhalten.

Gab es für Sie als Mann Situationen, die Sie anders wahrgenommen haben als Ihre Frau? Oder würden Sie sagen: Eigentlich haben Sie das beide sozusagen im Gleichklang durchgestanden?

Zumindest war mir meine Frau ein paar Tage voraus, gedanklich und auch emotional. Sie setzte sich viel schneller mit dem Kind selbst auseinander, während ich noch mit mir selbst, mit uns, mit der Familie beschäftigt war. Wegen dieser Nicht-Gleichzeitigkeit waren wir anfangs auch nicht im Gleichklang. Erst nach ein paar Tagen hat sich das dann eingependelt. Aber zunächst waren wir mit unterschiedlichen Fragen beschäftigt. Das muss ich schon sagen.

Hat sich durch die Geburt von Henri Ihre Lebensplanung, Ihr Lebenskonzept in wesentlichen Punkten geändert, etwa die Berufstätigkeit Ihrer Frau oder auch bei Ihnen selbst?

Nein, das kann ich nicht sagen. Wir hatten uns zu dem Zeitpunkt noch ein drittes Kind gewünscht und später mit Amelie sogar noch ein viertes bekommen. Auf meinen beruflichen Werdegang hat das eigentlich keinen Einfluss

> »
> *Wenn Henri nach einer OP aus dem Krankenhaus nach Hause kommt und alle Geschwister stürmen auf ihn zu und drücken ihn und er drückt sie alle – Situationen, wo man merkt, dass sie alle miteinander verbunden sind. Das ist richtig schön.*
> «

gehabt, und auch nicht auf den meiner Frau. Sie arbeitet nach wie vor in Abendkursen an der Volkshochschule und hatte das nur in der ganz akuten Phase mit Henri zurückgefahren.

Was machen Sie beruflich?

Damals war ich noch an der Uni und habe an meiner Doktorarbeit geschrieben.
2005 bin ich zu Bosch nach Homburg gegangen und seit letztem Jahr habe ich eine Professur in Offenburg, zwei Stunden von zuhause entfernt. Deshalb bin ich inzwischen drei Tage in der Woche weg, so dass meine Frau an diesen Tagen im Augenblick alleine ist mit den Kindern — zumindest in der Vorlesungszeit.

Würden Sie mit Ihrer Frau tauschen wollen?

Nein. Das wäre, glaube ich, nicht klug, weil meine Frau viel organisierter ist als ich! Mit mir würde zuhause manches sicher chaotischer verlaufen. Sie hat diese breit gefächerten Aufgaben im Haus und mit den Kindern einfach besser im Griff.

Henris Herzfehler hat sich mit der Zeit als recht schwer herausgestellt, er hat viel Zeit in Krankenhäusern verbracht. Was hat das mit Ihnen gemacht?

Es war für mich sicher ähnlich traumatisch wie für meine Frau. Henris Leben war immer wieder in der Schwebe, zumindest nach seiner ersten OP, wo das Herz korrigiert worden ist. Er hat immer ein Sauerstoffmessgerät angehabt, um den Sauerstoffgehalt im Blut zu messen. Und wenn eine gewisse Grenze erreicht war, fing das Gerät an zu piepsen. Das passierte oft — und jedes Mal wusste man: Jetzt geht es ihm wieder schlecht. Und wieder konnten wir nichts dagegen tun. Man sitzt einfach da

und kann nichts machen. Meine Frau hat das vielleicht noch mehr mitgenommen als mich, aber es war insgesamt für uns beide sehr belastend. Im Nachhinein frage ich mich oft, wie

»

Mir hat in dem Moment eine gute, positive Botschaft gefehlt. Alles wirkte so negativ. Ich hätte mir einfach ein paar unterstützende, beruhigende Worte gewünscht.

«

wir diese Zeiten durchgestanden haben. Wenn man mittendrin steckt, denkt man natürlich nicht daran, aber im Nachhinein betrachtet war es eine richtig harte und schlimme Zeit.

Gab es dabei Momente, wo Sie die Entscheidung, die Schwangerschaft mit Henri fortzuführen, bereut haben?

Nein. Spätestens in dem Augenblick, als er auf die Welt gekommen war, nicht mehr. Als ich ihn das erste Mal in den Händen gehalten habe, hat sich für mich die Bindung zu Henri nochmals ganz deutlich verstärkt.

Erlauben Sie mir die Frage zu stellen: Hatte Ihre Entscheidung für die Fortführung der Schwangerschaft einen religiösen Hintergrund?

Ich tue mich mit dem Wort »religiös« schwer. Aber für mich war klar, dass Henri zu diesem

Zeitpunkt bereits ein Mensch war, also schon lebte. Entscheidend war für mich, dass es mir nicht zusteht, diesem kleinen Menschen das Recht auf Leben abzusprechen.

Sie haben sich also nicht an ein christliches Gebot gehalten, sondern mehr aus einer inneren Haltung, einem Wert heraus dafür entschieden?

Auf jeden Fall. Wir haben uns nicht dafür entschieden, weil die Kirche das sagt, sondern aus dem Wert heraus. Die christlichen Werte sind sehr gute Werte, nach denen leben wir auch. Aber nicht nach kirchlichen Geboten oder Vorschriften.

Sie haben mit Henri schwierige Zeiten durchgemacht. Gibt es Erfahrungen, die Sie anderen Betroffenen mitgeben können?

Ich glaube zumindest, ich könnte Ihnen eine Perspektive vermitteln, die sie selbst zu dem Zeitpunkt, wo es ihnen richtig schlecht geht, vielleicht noch nicht sehen. Wenn ich weiß: Ich habe ganz, ganz viel Arbeit vor mir, aber es lohnt sich, dann motiviert mich das auch und erleichtert mir vieles. Das ist genau das, was meine Frau und ich uns damals gewünscht hätten: Dass wir vielleicht Kinder mit Down-Syndrom erleben, dass wir sehen, wie sie leben und wie so ein Leben funktionieren kann. Dass das Kind und die Eltern froh und glücklich

sein können… Ich glaube, dass dieser positive Ausblick unglaublich viel bewirken kann. Vielleicht wäre es für solche Menschen auch einfach schön, zum Beispiel bei uns vorbeizukommen, zu sehen, wie alles funktioniert, wie das Leben mit Henri Freude macht…

Gab es für Sie schlimme Situationen mit Henri in der sozialen Interaktion mit anderen?

Wenn er »Down-Syndrom-Dummheiten« macht, kann man sich schon manchmal ärgern. Richtig schlimme Situationen fallen mir aber nicht ein. Eher kleine Ärgernisse.

Was sind das für Situationen?

Henri trägt jetzt zum Beispiel eine Brille — die er aber immer wieder auszieht. Kürzlich standen wir im Europa-Park und Henri hatte auf einmal keine Brille mehr auf. Irgendwann vermuteten wir, dass er sie in einen großen Mülleimer geworfen habe. Wir ließen diesen Mülleimer also öffnen und haben ihn von oben bis unten durchwühlt, bis Henri auf die Tasche seiner Schwester zeigte. Dort hatte er sie versteckt. Das alles hatte sich in der Ausgangszone vom Europa-Park abgespielt, der Park schloss gerade und es strömten tausende Menschen an uns vorbei während wir im Mülleimer wühlten…

… das hat etwas von Situationskomik!

Ja, mit einer gewissen Distanz kann ich jetzt auch darüber lachen. Wie gesagt, etwas richtig Schlimmes fällt mir nicht ein.

Gibt es auf der anderen Seite Situationen, wo Sie sagen: Das war so unfassbar schön, das hat mich bereichert, das möchte ich nicht mehr missen?

Es sind immer besonders schöne Situationen, wenn unser Familienzusammenhalt sichtbar wird. Wenn Henri nach einer OP aus dem Krankenhaus nach Hause kommt und alle Geschwister stürmen auf ihn zu und drücken ihn und er drückt sie alle — Situationen, wo man merkt, dass sie alle miteinander verbunden sind. Das ist richtig schön.

Wie erleben Sie Henri im Moment? Wie alt ist er jetzt?

Er ist zehn. Was mir im Augenblick besonders auffällt, ist seine Begeisterung zu lernen. Er geht jetzt in die zweite Klasse und ist sehr gerne in der Schule. Er lernt gerade lesen, schreiben und sogar rechnen. Anfangs hatte ich gedacht, dass es mit dem Rechnen wohl nicht so richtig funktionieren wird, aber es geht gut. Mit viel Wiederholung und Betreuung lernt er es. Überhaupt: Im Rahmen seiner Behinderung ist er eigentlich ganz normal. Das ist etwas, was ich zum Zeitpunkt der Diagnose gar nicht sehen konnte. In seinem Rahmen lebt er ein ganz normales Leben.

Sie können jetzt Dinge wahrnehmen und formulieren, die Sie sich früher nicht hätten vorstellen können?

Richtig. Mir war früher überhaupt nicht klar, dass Menschen mit Down-Syndrom wirklich richtig lernen können. An Henri merke ich jetzt: Sie können zur Schule gehen und schreiben und lesen lernen. Das ist doch toll! Anfangs hatte ich noch viel stärker dieses antiquierte Bild von vor 25 oder 30 Jahren, dass diese Menschen eben »doof« seien.

Wie stellen Sie sich die Zukunft von Henri vor?

Für die nahe Zukunft wünsche ich mir für Henri auf jeden Fall, dass er weiter auf eine Schule gehen kann, wo er mit Freude lernt. Das ist eigentlich das Wichtigste. Für die fernere Zukunft würde ich mir wünschen, dass er einen für sich passenden Beruf erlernt, in dem er gerne arbeitet. Wie für alle Menschen wird es auch für ihn wichtig sein, dass er eine Arbeit hat, der er gerne nachgeht und die ihn erfüllt.

Es ist mir bewusst, dass er nicht komplett selbständig wird leben können. Er wird sich nicht ein Haus bauen und darin leben können, sondern er wird wohl auch zumindest teilweise betreut werden müssen. Aber ich denke, da gibt es viele Angebote, wo er mit anderen Menschen zusammen leben kann, die für ihn ein Umfeld oder eine Art Familie sein können und wo er zufrieden leben kann.

Ist Henri glücklich?

Ich glaube ja, die meiste Zeit. Das ist natürlich nur subjektiv, aber ich glaube, dass er ein großes Glück hat, drei Geschwisterkinder zu haben, die ihn alle drei sehr mögen. Und dass er bei uns in einer Familie ist, in der er sich sehr wohl fühlt.

Zusammenfassend kann ich einfach sagen: Henri hat mich überzeugt! Dieser Nebel, der anfangs da war, den hat er gelichtet. Er hat mir gezeigt, dass die Entscheidung auf jeden Fall die richtige war. Das Leben macht unglaublich viel Spaß mit ihm, auch wenn es oft anstrengend und manchmal nervig ist. Aber es ist einfach toll. Und das haben wir ihm zu verdanken, dadurch, dass er so ist, wie er ist. Er hat es uns im Nachhinein leicht gemacht.

Danke für das Gespräch!

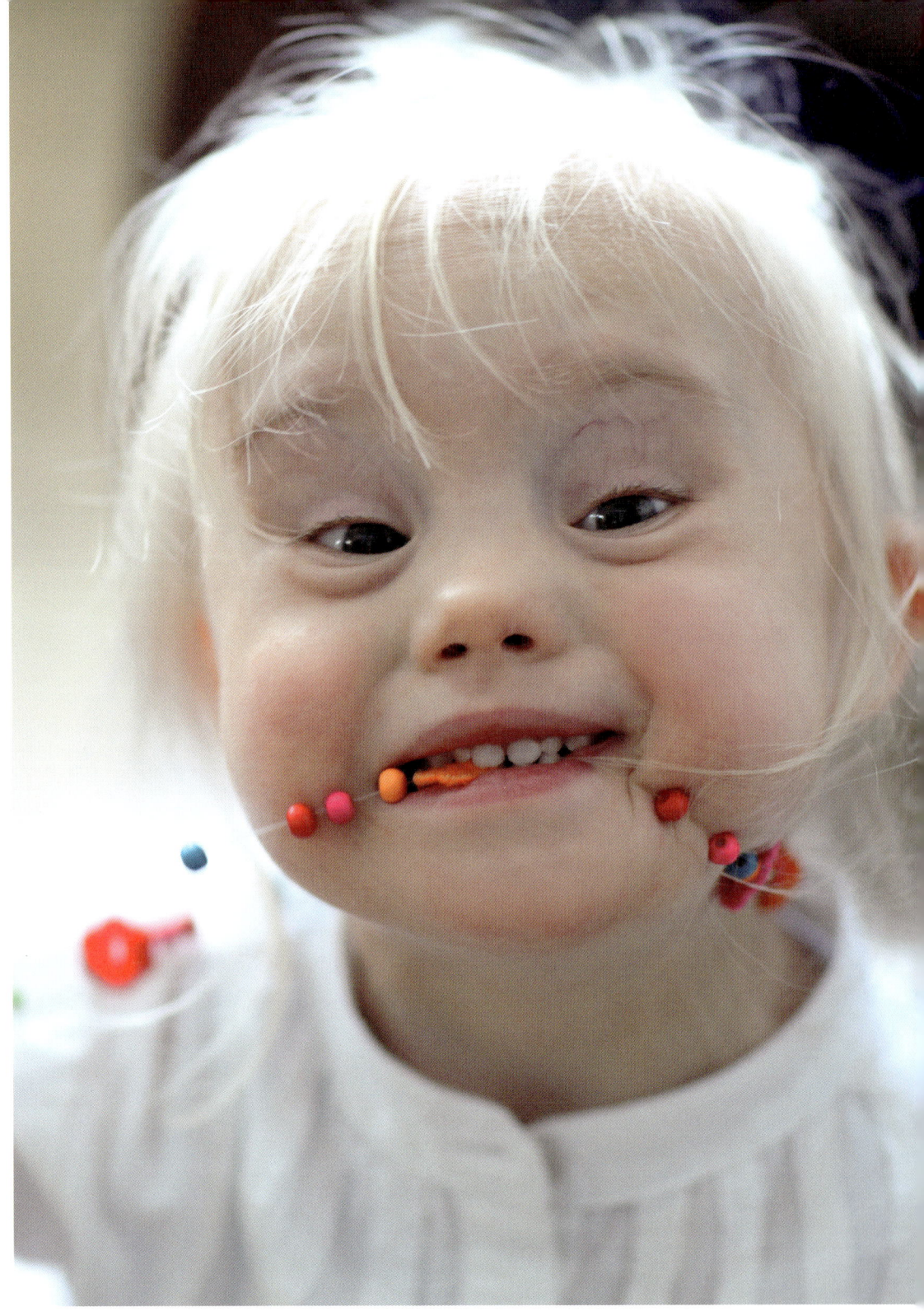

AMELIE

Herr und Frau S. haben in der 17. Schwangerschaftswoche von der Diagnose Down-Syndrom bei ihrer Tochter Amelie erfahren — eine Woche, nachdem die Schwangerschaft überhaupt festgestellt wurde. Ein Schwangerschaftsabbruch kam für beide aber zu keinem Zeitpunkt ernsthaft in Frage. Vielmehr haben sie sich an einem Frühlingstag, zwei Wochen vor ihrer Hochzeit, innerhalb weniger Stunden für ihr Kind entschieden — dem Unverständnis ihres damaligen behandelnden Arztes zum Trotz.

Die ersten Monate ihrer Tochter Amelie sind von langen Aufenthalten auf der Intensivstation und einer schwierigen Herz-OP geprägt, und es ist anfangs nicht klar, ob sie überleben wird. Und heute? Das kleine Mädchen liebt das Leben. Nach der OP und einer intensiven Frühförderung ist Amelie regelrecht aufgeblüht und hat sich sehr positiv entwickelt. Ihr Defekt an der Herzklappe spielt nur noch eine untergeordnete Rolle. Die Entscheidung der Eltern für ihr Kind hat sich als die einzig richtige erwiesen. Eine Geschichte, die Mut macht.

Barbara Oehl-Jaschkowitz:
Bei Ihrer Tochter Amelie wurde die Diagnose
»Down-Syndrom« gestellt. Unter welchen
Umständen haben Sie von dieser Diagnose
erfahren?

Frau S.:
Ich erfuhr erst in der 16. Woche, dass ich
schwanger bin, weil ich angeblich keine Kinder bekommen konnte. In der darauf folgenden Woche haben wir dann eine Fruchtwasseruntersuchung mit Schnelltest machen
lassen. Zu diesem Zeitpunkt stand unsere
Hochzeit unmittelbar bevor. Dann rief mich
die Frauenärztin an und sagte mir, dass das
Kind zu 99 Prozent ein Down-Syndrom habe
— ob ich mir vorstellen könne, mit einem

»
Wir denken immer wieder,
wenn wir Amelie heute sehen,
dass es uns weh tut, überhaupt
darüber nachgedacht zu
haben, dieses Kind nicht zu
bekommen.
«

kranken Kind zu leben. Ich habe also am Telefon von der Diagnose erfahren.
Anfangs war ich ziemlich überfordert. Ich hatte
absolut nicht mit einer solchen Diagnose gerechnet. Mein Mann hatte mir im Gegensatz
dazu später gesagt, dass er schon daran gedacht
habe — warum, weiß er nicht genau, es war so
ein Gefühl.

War im Ultraschall bereits eine Auffälligkeit
gesehen worden?

Frau S.: Einen kleinen Moment war ich verun-
sichert. Die Frauenärztin hatte im Nachhinein
gesagt, dass die Nackenfaltenmessung grenz-
wertig gewesen sei. Aber der Zeitpunkt war
eigentlich schon zu spät für eine solche Mes-
sung — das macht man, soweit ich weiß,
spätestens in der 13. Woche.

Warum haben Sie die Fruchtwasseruntersu-
chung machen lassen?

Frau S.: Das ist eine gute Frage — ich weiß es
nicht genau. Es war, wie gesagt, überhaupt eine
große Überraschung, dass ich schwanger war
und dann wurde es mir direkt angeboten: »Sie
sind über 40, da sollte man eine Fruchtwasseruntersuchung machen.« Über Konsequenzen
habe ich in diesem Moment nicht nachgedacht.

Wurde vor der Fruchtwasseruntersuchung mit
Ihnen erörtert, was Sie bei einem auffälligen
Befund tun können?

Frau S.: Nein, überhaupt nicht.

Die meisten Frauen oder Paare entscheiden
sich nach der Feststellung einer Chromosomen-
anomalie, auch eines Down-Syndroms, für
einen Schwangerschaftsabbruch. Können Sie
schildern, wie Ihr Entscheidungsprozess
verlief? Was führte Sie dazu, die Schwanger-
schaft mit Amelie fortzusetzen?

Frau S.: Der Gedanke an einen Abbruch kam
uns natürlich schon — wir würden lügen,

wenn wir jetzt etwas anderes behaupten würden. Aber nur für einen Moment, nachdem wir zum Ultraschall beim Frauenarzt gewesen waren. Da waren wir einfach in schlechten Händen. Der Frauenarzt schien komplett überfordert. Er wusste gar nicht, wie er mit uns umzugehen hatte und wir wurden beide den Eindruck nicht los, dass er uns in eine bestimmte Richtung drängen wollte.

Herr S.: Ja, das war ganz offensichtlich. Aber unser Entscheidungsprozess begann schon vorher: Meine Frau hatte mich im Büro angerufen. Ich war gerade im Gespräch und hatte noch einiges zu erledigen. Aber innerhalb einer halben Minute konnte ich dann einen klaren Gedanken fassen und bin sofort heimgefahren.
Und dann saßen wir eine gefühlte Stunde lang im Strandkorb hinter dem Haus — es war Juni, oder Ende Mai — und haben da im Prinzip die Entscheidung gefällt, dass wir nicht abtreiben lassen. Und danach war eben der Ultraschalltermin beim Frauenarzt…

Frau S.: …und er hat nach dem Ultraschall nur zu mir gesagt: »Wäre es Ihnen jetzt lieber, ich könnte Ihnen sagen, dass ein Organschaden da ist, damit Sie leichter entscheiden können?«
Immerhin haben wir in der Praxis Ihre Nummer bekommen, wo wir noch am gleichen Tag angerufen haben. Wir wollten einfach wissen, was auf uns zukommt. Dass wir das Kind bekommen würden, war für uns aber, wie gesagt, eigentlich klar. Eine Abtreibung hätten wir emotional gar nicht verarbeiten können.

Spielte bei Ihren Überlegungen ein religiöser Hintergrund eine Rolle? Oder war Ihre Entscheidung unabhängig davon?

Frau S.: Zunächst war unsere Entscheidung unabhängig davon.

Herr S.: Der religiöse Aspekt hat nur insofern eine Rolle gespielt, als dass wir eben zwei Wochen später kirchlich heiraten wollten und im Falle einer Entscheidung pro Abtreibung die kirchliche Hochzeit auch sicher abgesagt hätten. Das wäre für uns nicht gegangen.

Frau S.: Der Frauenarzt hatte uns sogar noch gesagt: Wenn wir uns beeilen würden, könnten wir das ja noch vor der Hochzeit machen.

Aber das hätte für Sie irgendwie nicht zusammengepasst?

Frau S.: Nein, das hätte absolut nicht zusammengepasst.

Hatte die Diagnose, dass Ihr Kind ein Down-Syndrom hat — wobei es eine spontan entstandene Trisomie ist —, einen Einfluss auf Ihren weiteren Kinderwunsch?

Frau S.: Nein. Ich kann mich noch genau erinnern, wie wir irgendwann später mit Amelie spazieren waren und ich meinen Mann fragte, wie es wäre, wenn wir noch einmal ein Kind mit Down-Syndrom bekämen — ich bin, wie gesagt nicht mehr so jung … Und dann sagte mein Mann nur: Na und, dann wäre es wieder so! Das fand ich sehr schön. Ab diesem Zeitpunkt hat es für uns keine Rolle mehr gespielt.

Wobei ich sagen muss: Bei Amelie war ich im Nachhinein froh, dass ich eine Fruchtwasseruntersuchung habe machen lassen. Für uns war es besser.

Um sich darauf vorzubereiten?

Frau S.: Genau. Ich konnte mich dann in der Schwangerschaft sehr viel informieren, auch im Internet — wobei das nicht immer gut ist, weil man teilweise zu viele Informationen auf einmal bekommt. Trotzdem: mir persönlich hat das geholfen. Von vielen anderen habe ich dagegen später gehört, sie hätten es nicht wissen wollen.

Herr S.: Ein Arbeitskollege von mir wusste nichts vorher. Seine Frau hat vor wenigen Wochen ein Kind mit Down-Syndrom zur Welt gebracht und beide sind aus allen Wolken gefallen. Sie hat große Probleme damit…

Welche Rolle hat das familiäre Umfeld bei Ihrer Entscheidung gespielt, die Schwangerschaft mit Amelie fortzusetzen?

Frau S.: Eine sehr große. Man beschäftigt sich ja unaufhörlich mit diesen Gedanken: Was wird auf einen zukommen, wie geht man mit dem Kind um? Aber wir haben von allen Seiten vorrangig Positives erfahren. Zwar war der eine oder andere auch dabei, der fragte: »Hast du dir schon mal eine Behindertenwerkstatt angeschaut?« Aber ich habe dann gesagt: »Ich bekomme keinen Erwachsenen mit Down-Syndrom, ich bekomme ein Kind!« Man wächst in die Situation einfach hinein. Wir denken immer wieder, wenn wir Amelie heute sehen, dass es uns weh tut, überhaupt darüber nachgedacht zu haben, dieses Kind nicht zu bekommen. Und es tut uns auch weh, dass so viele Leute nicht bereit dazu sind, ihren Kindern eine Chance zu geben. Wir empfinden unser Kind heute als ein großes Glück und Amelie ist nach ihrer Herz-OP auch sehr, sehr fit…

Was hat sie für einen Herzfehler?

Herr S.: Einen kompletten AV-Kanal-Defekt (siehe auch »Wichtige Fachbegriffe« im Anhang).

Frau S.: Das erste halbe Jahr war schon schlimm. Zunächst wusste man nicht, ob sie es überhaupt schaffen wird im Krankenhaus!

Herr S.: Wir mussten künstlich ernähren, sie hat maximal 20 Milliliter getrunken, ich habe die Magensonde dann selbst gelegt und sie hat sie dauernd herausgerissen…

Wie haben Sie diese Zeit empfunden?

Frau S.: Ich habe das erste halbe Jahr einfach funktioniert — immer in Angst um die Kleine, dass sie es nicht packt und dass sie so und so viel wiegen muss, damit man endlich die Herz-OP durchführen kann.

Herr S.: Aber diese Zeit ist irgendwie so grau, so ganz weit weg.

Gab es Momente, in denen Sie Ihre Entscheidung bereut haben?

Frau S.: Nein, nie.

Obwohl es ja eine schwere Zeit war…

Frau S.: … nein, egal. Nie!

Herr S.: Für mich hätte in dieser Zeit auch eine ablehnende Reaktion der Familie und der Verwandtschaft keine Rolle gespielt. Im Nachhinein hat mich ihre Unterstützung natürlich sehr bestärkt, aber grundsätzlich war das kein Kriterium für mich — letztendlich ging es darum, dass wir damit klar kommen müssen. Trotzdem: Wir haben Glück mit unserem sozialen Umfeld.

Gab es negative Äußerungen?

Frau S.: Es gab negative Äußerungen. Wenige — aber es gab sie.

Wie sind Sie damit umgegangen? Konnten Sie darüber hinwegsehen?

Herr S.: Das Schöne ist: Die negativen Äußerungen haben sich mit der Zeit alle zum Positiven verändert. Je älter Amelie wurde, umso seltener wurden die Bedenken…

Frau S.: …wobei das vielleicht bei Kindern, die mehrere Organschäden haben oder auch nicht so fit wie Amelie sind, eine andere Sache ist. Wir sind jedenfalls unendlich froh, dass sie sich so gut entwickelt hat.

Ich wiederhole noch einmal die Frage, die Ihnen damals der Gynäkologe gestellt hat: Angenommen, das Kind hätte nicht einen operablen Herzfehler, sondern deutlich sichtbare schwerere Fehlbildungen, zum Beispiel

Hirnfehlbildungen gehabt — hätte das Ihre Entscheidung beeinflusst?

Frau S.: Es wäre sicherlich sehr schwierig gewesen. Ich weiß noch, dass für mich damals die wichtigste Frage war: Welche Lebensqualität wird das Kind haben? Insofern kann ich diese Frage nicht wirklich beantworten.

Herr S.: Hätte man so etwas feststellen können?

Abhängig von der Fehlbildung — ja! Manchmal kommt es zu Hirnfehlbildungen, die einem durchaus schon im Ultraschall auffallen können. Das hat gar nicht unbedingt mit dem Down-Syndrom zu tun. Auch bei anderen Krankheitsbildern können schwerere Fehlbildungen auftreten.

Frau S.: Nein, ich kann es nicht sagen. Ich selbst hätte, glaube ich, diese Entscheidung nicht treffen können.

Haben Sie die Erfahrung machen müssen, dass sich Bekannte oder Freunde nach Ihrer Entscheidung für das Kind oder auch nach Amelies Geburt von Ihnen distanziert haben?

Frau S.: Nein. Da gab es gar keine Probleme, im Gegenteil. Ich habe heute Kontakt mit Menschen, mit denen ich jahrelang nichts mehr zu tun hatte, die einfach auf mich zugekommen sind und mir gesagt haben, wie schön sie es finden, dass ich das Kind bekommen habe. Das waren im Grunde wirklich nur gute Erfahrungen.

Können Sie ein Beispiel nennen, das Ihnen besonders in Erinnerung geblieben ist?

Frau S.: Eine ehemalige sehr, sehr gute Schulfreundin, mit der ich lange Zeit nichts mehr zu tun hatte, kam vor vier Wochen mit einer Blume in der Hand in die Spielgruppe. Sie hat mich in den Arm genommen und gesagt: »Ich habe gehört, du hast ein Kind mit einem Down-Syndrom bekommen. Ich finde es wunderbar, wie du das hinbekommst und dass sich Amelie so schön entwickelt!« Das war eines dieser schönen Erlebnisse.

Negative Erfahrungen, sagten Sie, haben Sie eigentlich bislang nicht gehabt?

Frau S.: Bis auf einige Ausnahmen. Die schwierige Situation mit unserem ersten Frauenarzt haben wir bereits angesprochen. Oder etwa eine Hebamme, die mir gesagt hatte, sie sei jetzt schon 20 Jahre in diesem Krankenhaus und habe noch nie erlebt, dass sich eine Frau wissentlich für ein Kind mit Down-Syndrom entschieden habe.

Wenn Sie jetzt an solche Gespräche zurückdenken: Was hätten Sie sich bei Ärzten und medizinischem Personal anders gewünscht? Was lief nicht so richtig gut?

Frau S.: Ich versuche das einmal unter dem Gesichtspunkt zu beantworten, was mir gut getan hat. Was mir also sehr, sehr geholfen hat, das waren die Bücher von Conny Wenk, einer Fotografin, die viele Menschen mit Down-Syndrom porträtiert hat. Diese Bücher sind wirklich außergewöhnlich, mit wunderschönen

Fotos. Man hat ja manchmal diese Schreckensvisionen von früher: Behinderte Kinder mit braunen Cordhosen und dicken Glasbrillen — da zeigt Wenk, dass es ganz anders sein kann. Es hätte schon geholfen, wenn diese Bücher einfach im Wartezimmer bei den Ärzten ausgelegen hätten. Es wäre auch hilfreich gewesen, wenn die Ärzte gesagt hätten: Sie bekommen ein Kind mit Down-Syndrom, schauen Sie sich doch einmal dieses Buch an und informieren Sie sich, bevor Sie Ihre Entscheidungen treffen.

Meiner Meinung nach haben sich die Frauenärzte viel zu wenig mit dem Krankheitsbild ausgekannt. Sie wussten, Down-Syndrom-Kinder haben einen Herzfehler oder einen anderen Organschaden. Aber wir fühlten uns irgendwie abgestempelt, in der ersten Praxis, wie gesagt, ganz massiv. Auf der anderen Seite hat uns dann ein anderer Gynäkologe, Herr Dr. B., wirklich als Menschen wahrgenommen und versucht, sich in uns hineinzuversetzen. Diese menschliche Seite, die hat am Anfang ganz klar gefehlt.

Herr S.: Das war, denke ich, der entscheidende Punkt. Bei manchen Ärzten haben wir einfach nicht in das Weltbild gepasst.

Sie denken also — das höre ich hier heraus —, dass von Ärzten mehr Differenziertheit in der Beurteilung und im Umgang mit einer solchen Situation wünschenswert wäre?

Frau S.: In jedem Fall. Mir wurde beispielsweise bei einer Untersuchung in einer Klinik gesagt, das Kind habe ein extrem flaches Profil. Ich konnte im ersten Moment gar nichts damit

anfangen, bin dann zu meinem Frauenarzt, Dr. B., gegangen und habe gefragt, was ein »extrem flaches Profil« bedeute. Er hat mich nur angeschaut und dann gesagt, ich sollte mir über solche Dinge jetzt keine Gedanken machen. Bei solchen Sätzen merkt man: Manche Ärzte überlegen einfach nicht, was sie den Eltern damit antun. Ein bisschen mehr Empathie, das wäre mein Wunsch.

Herr S.: In der ersten Praxis war von ärztlicher Seite die Entscheidung im Prinzip schon getroffen, ohne uns selbst Entscheidungsspielraum zu überlassen. Nebenbei fällt mir ein: Nach der Fruchtwasseruntersuchung saßen wir mit dem Arzt zusammen. Währenddessen

hat er nebenher auch ein Privatgespräch am Telefon geführt. Er hat alles einfach so weggewischt und unsere Situation im empathischen Sinne überhaupt nicht verstanden.

Praktisch: ein Kind mit einer Chromosomen-anomalie — also Schlussfolgerung: Schwanger-schaftsabbruch!

Frau S.: Herr Dr. B., der mich dann weiter begleitet hat, ist auf eine ganz andere Art mit uns umgegangen. Im ersten Gespräch haben wir ihn gefragt, wie eine Abtreibung konkret vor sich geht. Als er uns das Procedere schilderte, standen uns beiden die Tränen in den Augen. Und auf einmal saß er ganz aufrecht da und sagte sehr deutlich: »Ihnen werde ich das Kind nicht wegnehmen. Auch wenn Sie in zwei Wochen wiederkommen und eine andere Entscheidung getroffen haben… Ich werde es nicht machen, weil das nicht Ihre Entscheidung ist — dann ist die Entscheidung von außen an Sie herangetragen worden.«

Dieser Moment hat mich wirklich glücklich gemacht. Er konnte sich in uns hineinversetzen und hat gesehen, dass wir mit einem Abbruch einfach nicht hätten umgehen können. Seine Schilderungen des Vorgangs — das muss man dazu sagen — waren durchaus auch krass. Aber so ist die Realität, man sollte es nicht beschönigen.

Erlauben Sie mir eine andere Frage: In Bezug auf die Beantragung von Zusatzhilfen sind diverse Behördengänge nötig. Haben Sie in diesem Zusammenhang Probleme gehabt? Oder haben Sie solche Zusatzhilfen bislang nicht in Anspruch genommen?

Frau S.: Doch, wir bekommen schon lange Frühförderung für Amelie und haben eine ganz tolle Kinderärztin, die für sie ein richtiges Rundum-Paket durchsetzen konnte. Bei uns hat alles geklappt, was wir für sie wollten. Wobei wir uns, denke ich, auch ganz gut durchsetzen können.

Die Frühförderung ist übrigens sehr wichtig für sie gewesen, gerade nach der Operation, wo sie richtig aufgeblüht ist. Selbst wenn wir heute noch zur Untersuchung nach Homburg kommen, sind die Ärzte ganz erstaunt, dass sie sich so entwickelt hat — sie kannten sie nach zwei Monaten Intensivstation ziemlich gut. Dass sie so früh schon laufen gelernt hat,

wo sie anfangs so schlapp war — zunächst war es mit ihr ja steil bergab gegangen, mit verschiedenen Komplikationen im Lungenbereich —, das war für sie schon erstaunlich.

Vielleicht können Sie auch einen Moment der besonderen Freude mit Ihrer Tochter beschreiben. Fällt Ihnen spontan etwas ein?

Frau S.: Da gibt es so Vieles. Es ging damals im Krankenhaus, als ich sie das erste Mal in den Arm nehmen durfte, schon so viel Liebe und Dankbarkeit von ihr aus. Oder wenn wir beispielsweise einkaufen gehen und sie sitzt vorne im Wagen, dann kommt ab und zu der Moment, wo sie mich einfach nur drücken und küssen muss. Ich bin jeden Morgen froh,

> »
> *Die negativen Äußerungen haben sich mit der Zeit alle zumPositiven verändert. Je älter Amelie wurde, umso seltener wurden die Bedenken…*
> «

wenn sie aufsteht und mich anlacht. Es gibt so viele Momente, sie ist so aufmerksam, wissbegierig, neugierig. Es ist einfach nur schön!

Ich würde gerne noch einige grundsätzliche Fragen stellen, die Ihre Einstellung zu Schwangerschaftsabbrüchen betreffen. Es ging bisher primär um den Schwangerschaftsabbruch im

Zusammenhang mit einer Erkrankung des Kindes. Können Sie sich andere Situationen vorstellen, bei denen Sie sagen würden, das wäre für mich ein triftiger Grund? Zum Beispiel nach einer Vergewaltigung oder aus sozialer Indikation im ersten Schwangerschaftsdrittel? Situationen also, in denen nicht die Krankheit des Kindes im Vordergrund steht?

Herr S.: Bei einem Schwangerschaftsabbruch nach Vergewaltigung kann man unterschiedlicher Ansicht sein, persönlich könnte ich mir das aber unter Umständen vorstellen. Und vielleicht auch bei einer körperlichen und geistigen Schwerstbehinderung, die einen Menschen sein Leben lang an einen Rollstuhl fesseln würde. Bei sozialer Indikation würde ich mich entschieden dagegen wenden — hier ist der Staat gefragt, für entsprechende Umstände zu sorgen und Alternativen zum Schwangerschaftsabbruch aufzuzeigen. Soziale Gesichtspunkte sind für mich absolut kein Grund.

Frau S.: Wenn mich ein Kind immer an die Vergewaltigung erinnern würde, dann würde ich es wahrscheinlich zur Adoption freigeben.

Herr S.: Aber was ist, wenn die Schwangerschaft schon zur Qual wird, weil man das ungewollte Kind austragen muss? Wenn etwa Suizidgefahr bei der schwangeren Frau besteht?

Frau S.: Ja, da würde es im Einzelfall auf den seelischen Zustand ankommen.

Haben Sie persönlich sich vor Ihrer Schwangerschaft jemals gedanklich mit dem Thema Schwangerschaftsabbruch, auch im Zusammenhang mit einer diagnostizierten Behinderung, auseinandergesetzt?

Frau S.: Grundsätzlich mit Schwangerschaftsabbruch ja, wegen eines behinderten Kindes nein. Ich nahm, wie gesagt, bis zu meiner Schwangerschaft an, ich könnte keine Kinder bekommen. Insofern stand die Frage nach einem behinderten Kind auch nicht im Raum. Ich erinnere mich gut an eine Situation vor vielen Jahren, als eine damalige Freundin schwanger war — ich wurde damals sehr ärgerlich: Sie stand kurz vor ihrer Verbeamtung und die Schwangerschaft passte ihr überhaupt nicht in den Kram. Es war von daher für sie keine Frage, dass sie abtreiben würde. Letztlich war es eine Sache von einem Tag bei Pro Familia.
Kurz danach wurde sie wieder schwanger, und da hat es dann wohl gepasst — sie war bereits verbeamtet. Mittlerweile hat sie zwei Kinder. Aber diese Entscheidung damals habe ich nicht verstehen können.

Kommen wir noch einmal auf Amelie zurück. Wie stellen Sie sich im Idealfall die Zukunft Ihrer Tochter vor?

Frau S.: Was ich mir für sie neben einer guten Gesundheit wünsche, ist, dass sie ein starkes Selbstbewusstsein entwickelt. Ich hoffe, sollte ihr ihre Einschränkung durch das Down-Syndrom einmal bewusst werden, dass sie dann damit umgehen und ihren eigenen Weg finden wird. Ich wünsche mir nichts mehr, als dass sie, wenn sie in Situationen gerät, wo sie vielleicht nicht so viel Liebe und Zuneigung

AMELIE

erfährt wie in der Familie, nicht in ein tiefes Loch fällt, aus dem sie nicht mehr herausfindet. Das ist meine größte Angst.

Herr S.: Und davon abgesehen wünschen wir uns natürlich, dass sie irgendwann im Idealfall einem Beruf nachgehen kann, der sie erfüllt und ihr ein mehr oder weniger selbständiges Auskommen ermöglicht.

Gibt es etwas, was Sie aus Ihren Erfahrungen anderen Eltern mitgeben möchten?

Frau S.: Ich wünsche mir besonders, dass angehende Eltern sich gut informieren und ihre Entscheidung besonnen treffen — auch wenn sie sich für einen Abbruch entscheiden. Ich finde diese vorschnellen Urteile einfach nicht angemessen. Wenn man sich die Situation wirklich gut angeschaut hat und dann sagt: »Ich kann es nicht. Ich ertrage diese Last einfach nicht«, dann möchte ich nichts dagegen sagen, gerade, wenn man vielleicht alleinstehend ist und keinen Mann an der Seite hat, der einen unterstützt. Aber jetzt, wo ich es selbst erlebt habe, kann ich sagen: Solche Kinder geben einem sehr, sehr viel und sie leben sehr bewusst. Das ist so wertvoll…

Herr S.: … und außerdem wächst man ganz klar mit seinen Aufgaben!

Frau S.: Eben. Und hier muss einfach mehr an der Aufklärung gearbeitet werden. Ich weiß aus eigener Erfahrung, dass die Entwicklung unseres Kindes auch anderen Eltern Mut machen kann. Dem Arbeitskollegen meines Mannes zum Beispiel — über ihn hatten wir vorhin kurz gesprochen — hat es sicher Mut gemacht, Bilder von Amelie zu sehen, zu erfahren, wie sie sich entwickelt hat und wo sie heute steht.

Ich habe auch mit vielen Leuten über das Internetforum www.wer-kennt-wen.de Kontakt, die mich anrufen, weil sie eine besondere Frage zu ihrem Kind haben. Da kann man sich gegenseitig gut zur Seite stehen, denn die Kinder ähneln sich ja zum Teil in ihrer Motorik oder allgemein in ihrer Entwicklung schon sehr. Oder der Kleine, den ich auch durch Wer-kennt-wen-kennengelernt habe, der auch vor einer Herz-OP gestanden hat. Hier konnte ich der Mutter aus tiefster Überzeugung sagen: »Es ist schlimm, ich kann dir den Schmerz nicht nehmen, wenn er auf dem OP-Tisch liegt, aber es wird besser und glaube daran, dein Kind schafft das!«

»

Ich bin jeden Morgen froh, wenn sie aufsteht und mich anlacht. Es gibt so viele Momente, sie ist so aufmerksam, wissbegierig, neugierig. Es ist einfach nur schön!

«

Also: an der Aufklärung muss gearbeitet werden — das liegt mir extrem am Herzen. Die Unwissenheit, was das Down-Syndrom angeht, ist schlimm. Und auch die Ärzte müssen sich viel stärker mit der Thematik auseinandersetzen.

Fallen Ihnen manchmal Verhaltensweisen oder Äußerungen Ihnen oder dem Kind gegenüber auf, die Sie nicht mögen?

Frau S.: Was ich überhaupt nicht leiden kann, ist der Ausdruck »Mongo«, der hin und wieder von einem Bekannten gebraucht wird. Diese Bezeichnung ist abwertend und macht mich wütend. Ansonsten sind es die mitleidigen Blicke, mit denen ich persönlich allerdings weniger Probleme habe, weil ich seit der Schwangerschaft immer und ohne Vorbehalte von Amelie erzählt habe. Mir war von Anfang an wichtig, offen damit umzugehen, auch für später — damit sie selbst diese Herausforderung auch besser meistern kann.

Ich habe Bekannte in Saarbrücken, die wollen mit ihrem Kind nirgendwo mehr hingehen, weil sie einfach nicht danach gefragt werden wollen, ob ihr Kind das Down-Syndrom hat… So einen Umgang wollte ich unbedingt vermeiden.

Für Sie als Vater und auch als Mann: Gibt es irgendetwas, von dem Sie sagen, das hätte ich mir gewünscht? Im Umgang mit Ihnen, in der Wahrnehmung?

Herr S.: Meistens dreht es sich während der Schwangerschaft um die Mutter. Und nach der Geburt wundert man sich, warum der Vater, zumindest am Anfang, weniger mit dem Kind anfangen kann als die Mutter. Aber das ist, denke ich, bei jeder Schwangerschaft so.
Es hat einfach keiner gefragt, wie es mir geht, wie es um mich steht — außer meiner Frau. Das fand ich nicht so schön. Aber speziell zum Thema Behinderung wüsste ich jetzt nichts.

Ich würde das gerne auch noch einmal deutlich machen wollen: Wir haben mit unserem Kind wirklich Glück gehabt!

Frau S.: Amelie entwickelt sich toll und schenkt uns soviel Liebe. In unserem Freundeskreis gibt es auch Kinder mit Behinderungen wie zum Beispiel schwere Herzfehler oder andere schlimme Fehlbildungen, die immer wieder operiert werden müssen. Da ist es mit Amelie schon ein wenig unkomplizierter. Sie hat zwar immer noch diesen Defekt an der Herzklappe und wird mit einem Bluthochdruckmittel behandelt…

Herr S.: … aber im Prinzip haben wir es gut getroffen. Ihr Defekt an der Scheidewand ist wohl zugewachsen und der Restdefekt an der Klappe ist minimal. Auch in Bezug auf die die Größe ihres Herzfehlers kann man heute wirklich dankbar sein und sagen: gut gelaufen!

Vielen Dank für das Gespräch.

PHILIPP

Philipp ist von dem seltenen Rubinstein-Taybi-Syndrom betroffen. Bis seine Krankheit allerdings ihren Namen erhielt und damit für seine Mutter auch an Schrecken verlor, zogen zwei Jahre der Ungewissheit ins Land. Vor seiner Geburt war zwar seine geringe Körpergröße aufgefallen, an eine Behinderung hatte zu diesem Zeitpunkt jedoch niemand gedacht. Die Möglichkeit der Pränataldiagnostik würde seine Mutter aber auch heute nicht in Anspruch nehmen wollen — dafür hat sie mit ihrem Sohn einfach zu oft erfahren, wie unschätzbar wertvoll das Leben auch mit einer Behinderung ist. Nach Philipp hat sie noch zwei gesunde Töchter zur Welt gebracht.

Als junger Mann arbeitet Philipp mittlerweile in der Tieroase der Christopherus Lebens- und Arbeitsgemeinschaft hingebungsvoll mit Eseln, Lamas, Schafen, Ziegen und vielen anderen Tieren — und das, obwohl er früher bereits beim Anblick eines Hundes fast in Ohnmacht gefallen wäre.

Barbara Oehl-Jaschkowitz:
Ihr Sohn Philipp weist das Rubinstein-Taybi-Syndrom auf. Wann haben Sie erfahren, dass es sich um dieses Krankheitsbild handelt?

Die Krankheit hat ihren speziellen Namen erst bekommen, als die Diagnostik bereits länger abgeschlossen war. Philipp war zu diesem Zeitpunkt zwei Jahre alt. Aber schon bei Geburt waren sein geringes Geburtsgewicht und körperliche Merkmale wie die Syndaktylie, also dem Zusammengewachsensein von Fingern oder sein Gesicht mit großer Nase, Ohren und Augenbrauen auffällig.
Am Anfang findet man sein Kind trotzdem einfach klein, zart und niedlich und denkt gar nicht richtig daran, dass eine größere Entwicklungsverzögerung oder eine Behinderung dahinter stehen könnte. Überhaupt dieses Wort »Behinderung« — das tauchte anfangs gar nicht auf.

Würden Sie sagen, dass es gut war, dass das Wort Behinderung am Anfang nicht benutzt wurde? Das wird durchaus kontrovers diskutiert.

Ich denke, es hat zwei Seiten. Auf der einen Seite werden die eigenen Befürchtungen immer wieder beschwichtigt. Die Äußerungen reichen dabei vom sprichwörtlichen »Spätzünder« bis zum Großvater, der als Kleinkind auch so gewesen sein soll. Auf der anderen Seite zieht man mit der Zeit aber auch Vergleiche zu anderen Kindern — wie man das eben macht, wenn die Kinder krabbeln und laufen lernen und die ersten Worte sprechen… Im ganz zarten Alter, unter einem Jahr, erwartet

man nicht viel Leistung vom Kind. Aber wenn es eben nicht anfängt zu krabbeln oder zu laufen oder irgendwelche neurologischen Defizite hat, dann kommen auch die Vergleiche. Man fängt an, ganz konsequent Spezialgymnastik zu machen und sagt sich permanent: »Das turnen wir alles weg…!« — in der Hoffnung, dass alles gut wird.

Hatte Ihr Sohn auch Fehlbildungen, zum Beispiel am Herzen?

Er hatte zum Zeitpunkt der Geburt noch einen offenen Ductus Botalli (siehe dazu auch »Wichtige Fachbegriffe« im Anhang), der sich dann aber spontan selber verschlossen hat. Außerdem hatte er möglicherweise eine Pylorusstenose, also eine Verengung des Magenausgangs, aber auch das musste man nicht operieren. Sein Problem war eher die Nahrungsverweigerung: Er war so ein zartes untergewichtiges, pflegebedürftiges Kind. Man war ständig damit beschäftigt, ihm etwas anzufüttern.

Ist er eigentlich zum Termin oder zu früh geboren?

Sogar eher zu spät, aber mit etwas mehr als 2100 Gramm viel zu schmal. Das war zwar schon während der Schwangerschaft bekannt, hieß da aber einfach nur »small-for-date« — und selbst vom Frauenarzt wurde ich noch beruhigt. Man wiegt sich insofern sehr in Sicherheit, obwohl man weiß, dass das auch Zeichen für Entwicklungsstörungen und Behinderungen sein können. Aber man lässt diesen Gedanken einfach nicht so an sich heran.

Die Schwangerschaft selbst ist normal verlaufen?

Ja, beschwerdefrei und ganz normal.

War es Ihre erste Schwangerschaft?

Ja. Ich war mit 21 Jahren eine recht junge Mutter in einer etwas glücklosen Beziehung, die dann auch auseinandergebrochen ist, als Philipp zwei Jahre alt war. Aber wie gesagt: Die Schwangerschaft war ganz normal, außer dass man gegen Ende bemerken konnte, dass das Kind nicht ganz so groß war.
Nach der Entbindung fiel mir dann als erstes seine Syndaktylie auf — man guckt sich das Kind ja genau an und zählt die Finger. Aber zunächst dachte ich, dass sich das mit der Zeit von selbst geben würde und ich wurde auch von allen möglichen Leuten in diesem Gedanken bestärkt.

Gelegentlich hört man, dass man bei Vorliegen einer Entwicklungsverzögerung — sogar auch dann, wenn zusätzlich Fehlbildungen vorliegen — von betreuenden Ärzten und Therapeuten zunächst beschwichtigt wird. Ihnen selbst hat man zunächst auch etwas vom »Spätzünder« erzählt — und natürlich besteht durchaus auch die Möglichkeit, dass eine Entwicklungsverzögerung aufgeholt wird. Gerade ein zu geringes Gewicht und eine zu kleine Körpergröße in der Schwangerschaft können beispielsweise Folge einer Plazentainsuffizienz sein. Haben Ihnen die behandelnden Ärzte rasch gesagt, dass eine weitere Abklärung der Entwicklungsverzögerung Ihres Sohnes notwendig würde?

Schon, innerhalb der ersten sechs Wochen hieß es, er brauche Gymnastik, weil er neurologisch auffällig sei. Ich bekam eine Einweisung und musste von da an vier Mal täglich Vojta-Gymnastik mit ihm zu machen. Dann liegt man wirklich vier Mal täglich auf seinem Kind, das natürlich furchtbar schreien muss. Aber irgendwie funktioniert man…

…man will auch nichts falsch machen!?

Genau, man befolgt eben die Anweisungen und funktioniert. Unsere Neuropädiaterin war auch zufrieden mit Philipps Entwicklung und hat uns ermutigt, konsequent weiterzumachen — bis ich mir eines Tages nach einem

> »
> *Da war ich richtig vor den Kopf gestoßen, geschockt und völlig blockiert. Die ganze Zeit war mir gesagt worden: »Weiter so, alles in Ordnung!« Und dann sagt mir die Ärztin: »Er ist praktisch bildbar.« Das war ihr Ausdruck dafür.*
> «

dreiviertel Jahr ein Herz gefasst habe und sie fragte, ob sich jetzt schon absehen ließe, wie die weitere Entwicklung des Kindes aussehen und welche Schule er irgendwann besuchen würde. Daraufhin sagte sie, das sei ganz klar, er sei praktisch bildbar, würde aber immer behindert sein und ein Handicap haben. Ob ich weitere Fragen hätte? Da war ich richtig vor den Kopf gestoßen, geschockt und völlig blockiert. Die ganze Zeit war mir gesagt worden: »Weiter so, alles in Ordnung!« Und dann sagt mir die Ärztin: »Er ist praktisch bildbar.« Das war ihr Ausdruck dafür. Ich habe daraufhin überhaupt nicht weitergefragt, sondern bin einfach gegangen. Im Nachhinein bin ich aber sehr froh, dass ich mich überhaupt getraut hatte, zu fragen. So war alles nicht mehr ganz so schwammig.

War das gleichzeitig auch die Diagnosemitteilung?

»

Es war für uns erstaunlich, wie gut er sich in eine so große Gruppe integrierte und es war wunderschön zu beobachten, wie die anderen Kinder mit ihm umgehen konnten.

«

Nein, eine Diagnose konnte sie nicht stellen. Die Bezeichnung »Rubinstein-Taybi-Syndrom« fiel zum ersten Mal bei einer Untersuchung in Tübingen in der Klinik-Abteilung für Entwicklungsstörungen. Philipp war zu diesem Zeitpunkt zwei Jahre alt. Da traf man auch auf andere Betroffene, die es vermutlich noch viel schwerer hatten als wir. Plötzlich entwickelte

sich sogar eine Dankbarkeit, dass es »nur« diese Diagnose ist. Und sobald ich einen Namen dafür hatte, konnte ich auch ganz gut darüber reden. Philipps Behinderung verlor einfach an Schrecken.

Sind oder waren Sie in einer Selbsthilfegruppe aktiv?

Früher, als Philipp im Kindergarten war und als er eingeschult wurde, war ich aktiv. Da hatte man ja auch einen Kreis von Betroffenen um sich. Aber speziell für das Rubinstein-Taybi-Syndrom habe ich eigentlich nie eine Selbsthilfegruppe gesucht. Ich hatte zwar einige Zeit Kontakt zu einer Frau, deren Tochter ebenfalls betroffen war, aber eine intensivere Beziehung hat sich nie ergeben.

Haben Sie weitere Kinder?

Ja, zwei Töchter. Ich habe meinen zweiten Mann kennengelernt und dann unsere erste Tochter geboren, als Philipp sieben war. Wir hatten uns vorher humangenetisch beraten lassen. Daher wussten wir, dass die Wahrscheinlichkeit, ein zweites Kind mit Rubinstein-Taybi-Syndrom zu bekommen, nur in der Größenordnung eines Lotto-Treffers lag — und für jegliche andere Art von Behinderung gab es nur ein drei Prozent Basisrisiko, vom Neurodermitis-Risiko einmal abgesehen.

Lebte Philipp zuhause oder in einem Heim, als Ihre erste Tochter geboren wurde?

Er war in einem Tageskindergarten beziehungsweise dann in einer Tagesschule und hat

PHILIPP

zuhause gewohnt. Hier in die Laufenmühle ist er erst mit 13 Jahren gezogen.

Wie war die Zeit im Kindergarten und nachher in der Schule? Ist Philipp direkt in einen integrativen Kindergarten gekommen oder haben Sie sich zunächst für einen Regelkindergarten entschieden?

Vor 25 Jahren war der integrative Gedanke noch nicht so ausgeprägt wie jetzt. Er ging in einen Kindergarten für geistig behinderte Menschen mit intensiver Betreuung und kleinen Gruppen. Dort hat er die Kindergartenzeit fast bis zur Einschulung verbracht — bis auf das letzte Jahr. Da haben wir ihn zwei Tage in der Woche in einen Regelkindergarten und die drei anderen Tage in den Sonderkindergarten gegeben.
Das war gut für den Kindergarten und es war gut für Philipp. Diese Überbehütung hat im Regelkindergarten nicht in der Form stattgefunden. Sie haben ihm wesentlich mehr zugetraut. Nicht, dass man ihn im Sondergarten nicht gefördert hätte. Aber es ist einfach ein Unterschied, ob man sich zwischen 20 anderen Kindern aufhält oder in einer Kleingruppe mit 1:1-Betreuung.

Sie würden also sagen, dass er von der Integration profitiert hat. Können Sie einzelne Situationen benennen, die besonders eindrücklich waren?

Es war für uns erstaunlich, wie gut er sich in eine so große Gruppe integrierte und es war wunderschön zu beobachten, wie die anderen Kinder mit ihm umgehen konnten. Sie haben ihn auch in der Freizeit integriert, wenn man

sich zum Beispiel zufällig im Schwimmbad traf. Da hieß es gleich: »Hallo Philipp, komm' mal mit.« Diese Unvoreingenommenheit war sehr schön.

Welche Schule hat er besucht?

Bis zum 13. Lebensjahr eine Sonderschule für geistig behinderte Menschen.

Dann ist er hier in die Laufenmühle gekommen. Was hat dazu geführt?

In einer Elterninitiative der Sonderschule haben wir uns immer Gedanken gemacht, welche Möglichkeiten es für unsere Kinder gibt, auch, wenn wir selbst einmal nicht mehr sind. In diesem Zusammenhang haben wir uns die Einrichtungen im Umkreis angeschaut. Dabei hat uns die Laufenmühle persönlich sehr angesprochen. Eigentlich wollten wir Philipp damals zwar nicht sofort weggeben, aber als es hieß, es sei kurzfristig ein Platz frei, haben wir uns kurzerhand doch dazu entschlossen. Man muss dazu sagen: Solche Plätze sind rar, mit zum Teil wirklich langen Wartezeiten.

Würden Sie sagen, er ist hier glücklich?

Ja — obwohl er manchmal das Gegenteil behauptet. Wenn er an den Wochenenden und in den Ferien zuhause zu Besuch war und es dann zurückgehen soll, übt er schon hin und wieder Widerstand und sagt, er gehe nicht mehr in die Laufenmühle, er müsse jetzt zuhause auf die Katze aufpassen. Früher hat er immer gesagt, seine Schwestern seien auch mal dran — bis man ihn dann überredet und er widerwillig

geht. Aber wenn er schließlich in die Laufenmühle kommt, ist all das vergessen und er geht
ganz freudig auf seine Gruppe zu: »Hallo, ich
bin wieder da! Und guckt mal, was ich dabei
habe...!« Doch, ich denke, er ist glücklich hier!

*Gibt es im Rückblick für Sie persönlich
schlimme Momente?*

Es sind die mehr oder weniger großen und kleinen Erkrankungen oder operativen Eingriffe,
die ich ihm gern erspart hätte — und mir auch.

*Hatten oder haben Sie unangenehme
Momente — im Alltag, in der Begegnung mit
anderen —, in denen Sie zum Beispiel das
Gefühl hatten, sich oder Ihr Kind verteidigen
zu müssen?*

Nein, überhaupt nicht, nie! In unserem Bekanntenkreis und unserem weiteren Umfeld
wird Philipp einfach so angenommen, wie er ist.

*Wie haben die beiden Schwestern Philipp als
Kind wahrgenommen? Gab es Situationen, in
denen Sie etwa gemerkt haben, dass sie ihren
Bruder nicht so gerne ihren Freundinnen
vorstellen wollen. Oder war das für sie selbstverständlich?*

Wir hatten immer ein volles Haus zuhause, die
Kinder bevölkern es auch heute noch. Nein,
das kann ich nicht sagen, dass sie sich irgendwie geschämt hätten. Wenn, dann gab es normale geschwisterliche Streitigkeiten.

*Gab oder gibt es auf der anderen Seite für die
Familie bereichernde Situationen?*

Ich habe durch Philipp sicherlich Menschen
kennen gelernt, die ich sonst nicht kennen gelernt hätte — auch andere Betroffene. Da sind
sehr liebe Menschen in unser Leben getreten,
die einfach die gleiche Sprache sprechen, denen
man sich nicht ständig erklären muss. Das ist
eine Bereicherung.

*Haben Sie für sich auch gespürt, dass sich in
Ihnen durch Philipps Erkrankung etwas
verändert hat?*

Ja, sicher. Ich wäre nicht diejenige, die ich heute
bin, ganz klar. Ich schätze mich beispielsweise
als sehr tolerant ein, was die Lebensgestaltung
anderer anbelangt. Ich habe wahrscheinlich
weniger Vorurteile und sehe das Leben auch
etwas lockerer — es muss nicht immer dieser

»

*In unserem Bekanntenkreis
und unserem weiteren Umfeld
wird Philipp einfach so angenommen, wie er ist.*

«

durchgeplante und zielstrebige Werdegang
sein mit gutem Abitur, direkt angeschlosse-
nem Studium, Karriere, Haus und Hof. Das
sehe ich sicher entspannter und hadere weniger damit, wenn es auch einmal anders kommt.
Ich erwarte zwar von meinen Töchtern schon,
dass sie Pläne und Ziele entwickeln, aber
wenn sie ein Jahr nach der Schule noch nicht
wissen, was sie tun sollen, dann dürfen sie sich

orientieren. Ich denke, ich übe an dieser Stelle weniger Druck aus.

Gab es auf der anderen Seite Situationen, in denen Sie durchaus gehadert haben, weil es besonders problematisch mit Philipp wurde?

An extreme Krisen kann ich mich eigentlich gar nicht erinnern. Wenn, dann waren das wie gesagt die Umstände der Operationen. Das hat sich nicht immer einfach dargestellt, weil seine Kooperation gefehlt hat. So fühlte ich mich immer, als würde ich ihm Gewalt antun.

Dass er behindert ist, ist an sich aber schon lange ganz normal für mich. Da bin ich gut hineingewachsen.

Ich würde gerne auch die Frage der vorgeburt-lichen Diagnostik ansprechen. Wie Sie bereits sagten, gibt es bei diesem Krankheitsbild kein signifikantes Wiederholungsrisiko.
Aber angenommen, es wäre so gewesen und Sie hätten die Wiederholung ernsthaft befürchten müssen: Wie denken Sie, wären Sie vorgegangen?

Bei meiner Schwangerschaft mit Josefine, der Zweitgeborenen, war dadurch, dass schon ein behindertes Kind da war, im Mutterpass plötzlich überall das Wort »Risiko« angekreuzt. Dadurch gehörten etliche Ultraschalluntersuchungen zur Routine und irgendwann stellte sich im Verlauf auch heraus, dass Josefine vielleicht kleiner als normal oder wachstumsverzögert sein könnte. Dann wurde ich vom Frauenarzt also zum Spezialultraschall nach Ulm überwiesen und wir saßen als Paar im Wartezimmer umgeben von lauter sehr viel älteren Schwangeren und dachten: Oh, Gott, jetzt gehören wir wieder dazu!

Ich war zu diesem Zeitpunkt in der 27. Woche — wäre da irgend etwas in Frage gestellt worden, wäre das sowieso fern ab von allem Denkbaren gewesen… Aber der Ultraschall war letztlich völlig normal. Trotzdem gab es eben auch einmal kurz die Frage: Was wäre wenn? Und dazu haben wir gesagt: Dann werden wir das wohl meistern müssen. Dann wird das wohl so sein müssen. Es ist unumkehrbar.

Zu der Frage, ob ich in dem Zeitraum, in dem ein Abbruch noch möglich wäre, eine vorgeburtliche Diagnostik machen würde, sage ich jetzt einfach: nein! Ich sähe mich nicht in der Lage, zu sagen: »Das geht noch, und ab hier ist es — für wen auch immer — nicht mehr erträglich.«

Also kommt für Sie grundsätzlich ein Schwangerschaftsabbruch nicht in Frage? Oder gibt es Situationen, in denen Sie sich das vorstellen könnten?

Wenn das Leben der Mutter in Gefahr wäre oder die Überlebenschance des Kindes gleich null, dann vielleicht. Sofern man das prognostisch überhaupt sagen könnte…

Solche Situationen gibt es!

Dann müsste ich wirklich in mich gehen. Man sagt so einfach: »Ich würde es machen« oder »Ich würde es nicht machen«…

…aber in der Situation ist es doch etwas anderes?

Genau!

Sehr wahrscheinlich werden in absehbarer Zeit neue Methoden in der pränatalen Diagnostik zur Verfügung stehen, mittels derer auch zufällig und zum Teil schon recht früh einzelne angeborene, beziehungsweise genetische Erkrankungen erfasst werden könnten. Das wird zwar bislang in der Routinediagnostik nicht angewendet, ist technisch aber machbar. Auch für Philipps Erkrankung kann die Ursache heute bereits pränatal untersucht werden — ohne Indikation wird das allerdings nicht gemacht. Würden Sie sagen, im Falle einer sehr frühen Diagnose, also im ersten Schwangerschaftsdrittel, wäre für Sie unter Umständen ein Schwangerschaftsabbruch in Frage gekommen?

Ich hätte »ja« gesagt — vor Philipp. So aber muss ich sagen: nein. Ich würde diese extreme Diagnostik für mich nicht in Anspruch nehmen wollen.

Das ist ein wichtiger Satz, finde ich: vor Philipp ja, nach Philipp nein.

Das liegt ja nun fast 30 Jahre zurück. Ich hätte mich damals mit ziemlicher Sicherheit für einen Abbruch entschieden — ich war jung. Es war für mich unvorstellbar, eine solche Belastung auf Jahrzehnte zu tragen. Ich glaube, niemand entscheidet sich freiwillig für ein behindertes Kind.

Das heißt, die Erfahrung mit Philipp hat auch in dieser Hinsicht Ihr Blickfeld erweitert?

Ja, auch wenn es sicherlich eine große, lebenslange Aufgabe ist. Die anderen Kinder lässt man irgendwann ziehen, aber für ein behindertes Kind fühlt man sich bis zum Tod verantwortlich. Da tut man sich schwer, die Verantwortung abzugeben.

Das ist ein Punkt, der mir auch in anderen Gesprächen immer wieder begegnet: Wann gebe ich ab? Wann kann ich loslassen? Sie mussten das ja im Grunde schon recht früh tun, obwohl es gar nicht so geplant war.

Hier war mir sicherlich auch mein Partner sehr hilfreich, der nicht der Vater des Kindes war. Er hat einfach einen anderen Bezug zu Philipp und konnte die Situation etwas nüchterner und weitsichtiger betrachten.

Haben Sie als Mutter dagegen gezweifelt, ob es richtig ist, ihn später wegzugeben?

Schon. Ich fand es eigentlich zu früh und dachte, es würde auch noch nach der Schule reichen. Ich hätte das also sicher nach hinten hinausgezogen…

Denken Sie heute, dass die Entscheidung zu dem Zeitpunkt gut war, oder gibt es da manchmal Zweifel?

Vielleicht habe ich manchmal das Gefühl, dem Kind irgendetwas nicht gegeben zu haben, was ich den anderen jetzt noch gebe. Es gibt da schon auch ein schlechtes Gewissen. Trotzdem: Die Entscheidung war richtig. Nur sie zu fällen, ist zu jedem Zeitpunkt schwer, weil Philipp nie eine solche Selbständigkeit erreichen wird, autonom für sich leben zu können. Er wird immer abhängig sein von Menschen, die ihn begleiten. Zugleich könnten wir das nicht zeitlebens leisten und ich würde es auch nicht wollen. Philipp braucht auch ein Stück weit sein eigenes Leben.

Mit eigenem Umfeld, eigenen Freunden, Bekannten und sozialen Beziehungen?

Ja, genau. Wahrscheinlich würde ich es deshalb auch wieder so machen — und es würde mir wieder schwer fallen.

Wie oft kommt Philipp jetzt nach Hause?

Hier gibt es regelmäßige Besuchswochenenden, an denen er nach Hause kommt. In der Regel ist er alle 14 Tage bis drei Wochen am Wochenende bei uns. Und die Ferien verbringt er überwiegend auch zuhause.

Ich weiß aus dem eigenen Bekanntenkreis, dass ein Sohn, der selbst schon Ende 50 ist, gar nicht mehr unbedingt mit nach Hause gehen will, weil er wirklich in seinem neuen Lebensumfeld angekommen ist.

Das ist der Idealfall …

… kann aber von den Eltern, insbesondere von der Mutter, nicht durchwegs nur positiv gesehen werden. Da ist auch eine Trauer mit dabei.

Sicher, man fühlt sich da manchmal hintangestellt. Aber doch lieber so. Damit kann man umgehen lernen.

Um noch einmal zu der Frage zurückzukehren, inwiefern Sie durch Philipp auch eine Bereicherung erfahren haben: Würden Sie sagen, Sie haben gegenüber anderen sogar Vorteile? Merken Sie etwa manchmal, dass andere nicht über ihren Tellerrand hinauskommen, sondern in ihrem begrenzten Umfeld verbleiben?

So würde ich das auch sagen, auf jeden Fall! Als Krankenschwester arbeite ich ja auch im Gesundheitswesen — zwar nicht in der Pädiatrie, sondern eher bei den Senioren. Aber auch Senioren haben Kinder, die sich für die älteren Herrschaften verantwortlich fühlen. Und wenn dann irgendwie ein Schicksals-

»

Die anderen Kinder lässt man irgendwann ziehen, aber für ein behindertes Kind fühlt man sich bis zum Tod verantwortlich.

«

schlag, etwa ein Schlaganfall, kommt, ist das auch einschränkend und erschreckend. Ein Stück weit kann ich mich, denke ich, in alle Arten von gesundheitlichen Schicksalsschlägen schon einfühlen. Ich weiß ungefähr, was dann in den Köpfen vorgehen könnte. Auch wenn das jeder sicher individuell erlebt: Ich kann da schon Verständnis entwickeln.

Hatten Sie die Ausbildung bei Philipps Geburt schon abgeschlossen?

Ja.

Würden Sie sagen, die Erkrankung von Philipp hat Sie in Ihrem beruflichen Werdegang eingeschränkt?

Nein, ich glaube, so viel Einfluss hat das nicht genommen. Es war vielmehr sehr, sehr hilfreich, eine medizinische Vorbildung gehabt zu haben. Man kann dann ganz anders mitreden und weiß, wie man sich die richtigen Informationen besorgt. Das war für mich tatsächlich ein Riesenvorteil.

Darf ich nochmals Philipps berufliche Situation ansprechen: Ich habe gehört, dass er sich früher schnell vor Tieren gefürchtet hat? Immerhin arbeitet er heute ja in der Tieroase der Laufenmühle, einem Stall mit sehr vielen verschiedenen Tieren…

Philipp konnte früher tatsächlich kaum mit einem Hund die gleiche Straßenseite teilen. Er hat sich seine Tiere herausgesucht. Katzen waren nie ein Problem — wir hatten zuhause auch immer eine Katze. Aber ein Hund? Es musste nur ein kleiner Hund kommen, der einfach schnüffeln wollte, und Philipp wäre bald in Ohnmacht gefallen.

Irgendwann haben sich dann Freunde von uns einen Jack-Russell gekauft — ein Energiebündel, das man nicht müde bekommt. Philipp hat sich diesen Hund, Anton, auserkoren und der darf jetzt bei ihm auf dem Schoß sitzen und ihm aus der Hand fressen. Mit Anton geht Philipp auch an der Leine spazieren. Und seit er in der Tieroase mitarbeitet, haben Hunde und andere Tiere auf jeden Fall an Schrecken verloren, er sieht das heute sicher gelassener.

Mittlerweile kann er richtig auf Tiere zugehen, striegelt die Esel, füttert die Schafe und kommt ihnen so ziemlich nahe. Bei den Meerschweinchen allerdings guckt er lieber zu. Deren Schnelligkeit ist ihm ein kleines bisschen unheimlich, habe ich das Gefühl. Von den weichen Chinchillas — auch die gibt es in der Tieroase — ist er zwar begeistert, geht aber auch nicht von sich aus auf sie zu. Die direkte Berührung mit Fell mag er nicht sonderlich, da hat er Berührungsängste. Aber zu sehen, wie er sich da entwickelt hat, wie souverän er mittlerweile mit Tieren umgeht, das ist schon toll. Darüber freue ich mich sehr.

Herzlichen Dank für das Gespräch.

MAX UND JONAS

Frau D-C. ist Mutter von drei Kindern. Ihre erwachsenen Söhne Max und Jonas leben in der Christopherus Lebens- und Arbeitsgemeinschaft Laufenmühle und sind beide vom Fragilen-X-Syndrom betroffen (zu fachspezifischen Ausdrücken siehe auch »Wichtige Fachbegriffe« im Anhang). Eine genaue Diagnose der Krankheit wurde aber erst gestellt, als die beiden längst im Kindergartenalter waren. So zogen qualvolle Jahre der Ungewissheit ins Land, die das Familienleben neben der intensiven Betreuungsaufgabe zusätzlich belasteten.

Bereut hat Frau D-C. aber nichts, auch wenn sie traumatische Jahre durchstehen musste, wie sie sagt. Im Gespräch zeigt sie nicht nur Schwachstellen des Integrationsgedankens auf, sondern schildert neben der Entwicklung von Max und Jonas auch ihren eigenen, langen Lernprozess und erzählt von der Kunst, das Schicksal in die Hand zu nehmen. Heute würde sie fast alles noch einmal so machen — außer vielleicht, mit ihren beiden Jungs einen All-Inclusive-Urlaub in der Türkei zu verbringen. Aber das ist nur eine Randnotiz in einer Geschichte, von der man sagen könnte: Was lange währt, wird tatsächlich gut.

Barbara Oehl-Jaschkowitz:
Sie sind die Mutter von Max, der das
Fragile-X-Syndrom hat. Wie alt ist Max
inzwischen?

Frau D-C.:
Max ist 21.

Seit wann lebt er in der Laufenmühle?

Seit er 17 ist — knapp vier Jahre.

Hat Max Geschwister?

Er hat eine gesunde Zwillingsschwester und
einen Bruder, Jonas, 23. Jonas hat auch das
Fragile-X-Syndrom und lebt ebenfalls in der
Laufenmühle. Bevor sie hierher kamen, waren
sie beide in Kassel in einer anthroposophischen Heimsonderschule.

Und davor waren sie in einem integrativen
Kindergarten?

Ja, auch ein anthroposophischer — das hatte
sich so ergeben. Als wir noch in Kassel lebten,
waren wir bei einem anthroposophischen
Kinderarzt, der auch diese Heimsonderschule
ärztlich betreut hat und sie uns damals wärms-
tens empfehlen konnte.
Er sagte mir damals: »Sie stoßen an Ihre Gren-
zen. Sie können nicht die pädagogische Arbeit
leisten, wie es ausgebildete Menschen im ent-
sprechenden Umfeld können. Denken Sie
frühzeitig daran, die Weichen zu stellen.« Die
Behinderung hatte man im Übrigen zumindest bei Jonas sehr schnell festgestellt — er ist
auch stärker betroffen als Max. Aber keiner

konnte mir sagen, was sie genau haben. Mein
Mann war zunächst strikt dagegen, die Kinder
wegzugeben, aber nach langem Hin und Her
haben wir sie doch dort eingeschult und es bis
heute nicht bereut — auch wenn diese Zeit
sehr, sehr schwer war.

Ab wann hat Max im Heim gelebt?

Seit er sieben Jahre alt war.

Wie oft kam er nach Hause?

Wie hier in der Laufenmühle gab es auch dort
einen Ferienplan. In der Regel haben beide
jedes vierte Wochenende sowie die gesamten
Schulferien zuhause verbracht. Grundsätzlich
war man aber frei, es so zu organisieren, wie
es passte.

Das ist ja schon einige Zeit her. Erinnern Sie
sich, wie es damals für Sie war, zu bemerken,
dass die Entwicklung des Kindes verzögert ist.
Bei Jonas, Ihrem ersten Kind, sagten Sie, sei
das früher deutlich geworden?

Ich habe die Entwicklungsverzögerung schon
sehr früh festgestellt. Es gab damals eine Baby-
Gruppe, die ich schon während der Schwangerschaft kennengelernt hatte; wir waren fünf
Frauen. Weil alle Babys — vier Jungs und ein
Mädchen — im gleichen Monat geboren wurden, hatte ich den direkten Vergleich. Spätestens nach einem halben oder dreiviertel Jahr
merkte ich, dass bei meinem Kind einiges
anders läuft. Mein Kinderarzt hatte zwar immer beschwichtigt — es sei ein Junge, der sich
eben langsam entwickle.

Aber mir fiel auf, dass Jonas auch autistische Züge zu haben schien — im Gegensatz zu Max. Er konnte keinen Blickkontakt aufnehmen, schrie nächtelang und schlief nie länger als zwei Stunden am Stück. Auch das Sprechen fing er nicht an und das Laufen kam auch sehr langsam. Bei seinen Sprachentwicklungsstörungen hieß es zunächst, es müsste durch einen Hals-Nasen-Ohren-Arzt untersucht werden. So erhielt er beispielsweise Paukenröhrchen. Nach der Untersuchung sagte man mir aber damals, dass das nicht die einzige Ursache für seine Sprachentwicklungsstörung sein könne. Zu diesem Zeitpunkt waren meine Zwillinge — also Max und seine Schwester — aber schon unterwegs. Und so hat man — was sich im Nachhinein als Fehler erwiesen hat — immer gesagt, man müsste sie schonen und das auf später verschieben. Die genaue Diagnose bei beiden habe ich letztendlich erst in Kassel in der Neuropädiatrie bekommen. Da war Jonas sechs und Max vier Jahre alt. Bei Max war ich natürlich schon sensibilisiert und habe frühzeitig, nach dem ersten Lebensjahr, mit Krankengymnastik, Logopädie, Musiktherapie und Ergotherapie begonnen.

Mit Jonas fingen wir das eben erst später an.

Würden Sie sagen, Max ist unter Umständen auch wegen der frühzeitig begonnenen Therapien weniger schwer betroffen als Jonas oder sehen Sie einfach unterschiedliche Ausprägungen?

Ich glaube, hauptsächlich ist es eine andere Ausprägungsform. Das merkt man auch heute: Die beiden sind so unterschiedlich. Sicherlich ist es auch eine Charakterfrage, aber meiner

Einschätzung nach sind vielleicht 20 Prozent doch bedingt dadurch, dass man bei Max frühzeitiger mit Therapien begonnen hat. Vielleicht hätte man gerade logopädisch — Max spricht auch besser als Jonas — einiges machen können. Ich weiß es nicht. Es war jedenfalls eine ziemlich traumatische Zeit für mich damals.

Welche Zeit? Bevor die Diagnose gestellt wurde?

Genau. Es ist schon etwas anderes, immer im Ungewissen zu sein und keine Perspektive zu haben, in welche Richtung es gehen soll. Ich war einmal, als noch keine Diagnose da war, in der Uniklinik in Göttingen, auch in der Neuropädiatrie. Dort erzählte mir der Arzt — da lag der Fokus noch auf Jonas — etwas von taktil-kinästhetischen Wahrnehmungsstörungen und sensibilisierte mich so dafür, dass mein Sohn behindert sei und ich mich damit auseinandersetzen müsste, dass seine Geschwister ihn binnen kürzester Zeit überflügeln würden.

Diesen Satz werde ich nie vergessen. Die Zwillinge waren zu dieser Zeit gerade erst ein halbes Jahr alt, Jonas war fast drei. Und ich fühlte mich damals irgendwie allein gelassen, weil keiner mir sagen konnte, was therapeutisch konkret zu tun sei.

Mit Therapeuten und einer sozialpädagogischen Betreuung, die der Neuropädiatrie in Kassel angeschlossen war, habe ich dann aber gute Erfahrungen gemacht. Sie sind auf die Menschen zugegangen und haben sie beraten. Das war eine deutlich größere Unterstützung als die der Ärzte. Von Therapeuten habe ich auch einfach entsprechendes Handwerkszeug an die Hand gegeben bekommen, um den Alltag insbesondere für Jonas besser zu gestalten. Ich erinnere mich noch an die Situation, als ich die Diagnose gestellt bekommen habe. Das war im Hinblick auf meine Begegnungen mit Ärzten eine furchtbare Erfahrung. Es war ein heißer Sommertag, ich musste zunächst mit allen drei Kindern fünf Stunden warten und sie waren schon total durchgedreht, als der Arzt endlich herein kam.

Jonas ging über Tische und Bänke, hatte sämtliche Schubladen aufgerissen und auch Max war ziemlich ungnädig. Aber der Oberarzt hatte nichts Besseres zu tun, als Freudentänze aufzuführen, mir sein Fachbuch aufzuschlagen und zu sagen: »Gucken Sie, das ist alles so klassisch. Mein Gott, da muss ich den Herrn Professor rufen! Schauen Sie nur, was da steht: Genau so benehmen sie sich!«

Ich kam mir vor wie im Zoo, wo meine Kinder zur Schau gestellt wurden. Und das bei einem gestandenen Oberarzt! Ich war so sauer! Es nützte mir ja alles nichts. Natürlich hatte ich endlich einen Namen für ihre Behinderung. Aber eine Perspektive, wie es mit Therapie und Förderung weitergehen kann, fehlte komplett.

Der Arzt und Diagnostiker war froh und gewiss auch ein bisschen stolz, die Diagnose gefunden zu haben, hat aber eben gar nicht gemerkt, was in diesem Moment vielleicht wichtiger gewesen wäre. Das ist natürlich schwierig. Kommen wir zu einer anderen Frage: Sie selbst sind von Beruf Rechtsanwältin?

Ja, aber Haushalt und Kanzlei unter einen Hut zu bringen war immer sehr schwer, weil mein Mann eine ziemlich steile Karriere gemacht hatte und frühzeitig woanders arbeitete, als wir lebten. Ich war unter der Woche mit den Dreien allein und dann kam die große Frage: Wie gestalte ich die Ferien? Ich habe auch selten Betreuung für die Kinder bekommen, weil die Leute in der Regel ja das ganze Jahr über beschäftigt werden wollen und nicht nur kurzfristig in den Ferien.

»

Wenn ich ihn abgeholt habe, saß er oft allein unter einem Baum, traurig darüber, dass die anderen nicht mit ihm spielten.

«

Nachdem sie dann in der Heimsonderschule waren, konnte ich ihnen nicht auch noch zuhause zumuten, in allen Ferien jeweils eine andere Betreuung zu haben. Deshalb habe ich meine Berufstätigkeit immer hinten angestellt. Erst jetzt, seit sie eben in einer Erwachseneneinrichtung sind, kann ich es flexibler gestalten. Ich bin jetzt jedes Jahr für ein paar Tage hier und arbeite in der Einrichtung mit. Es ist mir einfach wichtig, den Alltag meiner Kinder mitzuerleben. Die Kinder genießen es sehr und wir unternehmen gemeinsam nach Feierabend immer noch etwas. Das ist sehr schön.

Gab es irgendwann einen Moment, auch vor der Geburt oder Schwangerschaft mit den

Zwillingen, wo Sie die Befürchtung hatten, das könnte sich wiederholen?

Nein, da nicht.

In der Familie ist auch gar nichts aufgetreten?

Im Nachhinein wurde das schon sichtbar. Aber erst, seit das Kind beim Namen genannt wurde. Ich habe einen Onkel, der ist jetzt 69 und auch betroffen. Er ist der Bruder meines Vaters. Meine Oma väterlicherseits war bei der Geburt, soweit ich weiß, 43 Jahre alt — mein Vater ist 15 Jahre älter als mein Onkel. Ich glaube auch nicht, dass man in dieser Zeit großartig zum Frauenarzt gegangen ist. Dass sie schwanger war, hat sie, glaube ich, in den ersten Monaten gar nicht mitgekriegt.
Und dann ist mein Onkel mitten im Krieg geboren, 1942. Man nahm an, dass bei der Geburt etwas schief gegangen war oder führte es auf das Alter meiner Oma zurück. Genauer hinterfragt hat das niemand. Ich auch nicht. Bei ihm ist es allerdings wieder eine Spur besser als bei meinen beiden. Er kann immerhin in seiner eigenen Wohnung leben. Allerdings leben wir im selben Haus — dem Haus meines Großvaters — und ich betreue ihn. Ohne meine Hilfe wäre er nicht in der Lage, alleine zu leben.

Wenn Sie sich erinnern, welche Situationen waren für Sie die schlimmsten?

Ganz furchtbar war die Situation, als mir der Arzt in Göttingen sagte, dass etwas nicht stimmt. Und dann war es imgrunde einfach der Alltag, insbesondere mit Jonas. Durch die Schlaflosigkeit war ich wirklich am Ende meiner Kräfte. Jonas hat das erste Mal durchgeschlafen, als er sechs war. Ich habe praktisch sechs Jahre lang keine Nacht mehr als zwei Stunden am Stück geschlafen.

Was stand zu der Zeit bei Jonas im Vordergrund? Waren das seine autistischen Züge, die es sehr schwer gemacht haben, mit ihm umzugehen, oder hatte er auch aggressive Tendenzen?

Nein, aggressive Tendenzen hatte er nie. Im Grunde war es diese ständige Schreierei, bei der ich einfach nicht wusste, warum. Außerdem war es mit seinen autistischen Zügen schwierig. Er konnte vor allem Berührungen ganz schlecht ertragen. Aber aggressiv war er nie. Er ist eher jemand, der gleich klein bei gibt. Als er älter wurde, habe ich bei ihm auch gemerkt, dass er oft sehr unglücklich war, weil er sich irgendwann seiner Defizite bewusst wurde. Das hat ihn sehr unzufrieden gemacht.

Das ist häufig der Fall. Es muss nicht unbedingt die Anforderung von außen sein, es ist auch der eigene Wunsch, etwas zu können und zugleich die eigenen Defizite zu spüren.

Das ist mir in seiner Kindergartenzeit besonders aufgefallen und hat mich oft auch sehr unglücklich gemacht. Kinder können einfach sehr brutal sein. Er war trotz integrativem Kindergarten und einer kleinen Gruppe von nur 15 Kindern mit insgesamt zwei behinderten Kindern völlig ausgegrenzt. Wenn ich ihn abgeholt habe, saß er oft allein unter einem Baum, traurig darüber, dass die anderen nicht mit ihm spielten.

Haben Sie eine Idee, wie das vielleicht besser hätte gehen können? Oder denken Sie, dass es grundsätzlich sehr schwierig ist, ein Kind mit Autismus und geistiger Behinderung in eine Gruppe zu integrieren?

Ich kenne da kein Rezept. Damals habe ich mich auch mit anderen Leuten unterhalten. Als wir auf der Suche nach einem Kindergarten waren, hatten wir unter anderem einen Montessori-Kindergarten im Auge. Die dortige Erzieherin erzählte mir, sie hätten einmal im Kindergarten das Gespräch gehabt, was Behinderung bedeute. Sie behauptete, dass die gesunden Kinder in diesem Zusammenhang gefragt hätten, wer denn behindert sei. Die behinderten Kinder in ihrem Kindergarten waren wohl gar nicht als behindert wahrgenommen worden. Das mag sein. Aber ich habe andere Erfahrungen gemacht.
Erst im Institut Lauterbad — so hieß die Einrichtung in Kassel — war er zum ersten Mal glücklicher, hat Freunde gefunden und gemerkt, dass er manche Dinge tun kann, die andere nicht können. Das hat ihm sehr viel Selbstbewusstsein gegeben.

Das ist eine wichtige Information: Gerade in der scheinbar integrierten Situation unter gesunden Kindern hat er offenbar eher gelitten, weil er seine Defizite bemerkt hat und umgekehrt hatte er in einem Kreis mit vielen behinderten Kindern auf einmal das Gefühl, dass er manches besser kann.

Ja. Und er hat dort auch Verantwortung für andere übernommen. Es gab in seiner Klasse ein Mädchen, das sehr, sehr schwer behindert war. Die hat er unter seine Fittiche genommen und sie irgendwie immer mitgezogen. Das war für mich wirklich spannend zu beobachten.
Vor diesem Hintergrund bin ich auch — aber das sind eben nur meine Erfahrungen — sehr skeptisch gegenüber Integration. Es funktioniert einfach in unserer Gesellschaft immer weniger. Aktuell habe ich es im Sommer erlebt. Da hatte ich, im Nachhinein muss ich fast sagen, den Wahnsinn begangen, für die beiden und mich einen All-Inclusive-Urlaub in der Türkei zu buchen. Es war eine reine Katastrophe. Das Hotelpersonal war ausgezeichnet und ist toll mit ihnen umgegangen. Es lag vielleicht einfach an diesem bestimmten Publikum. Aber wir sind überall, im Speisesaal, am Strand, wo auch immer wir waren, ständig aufgefallen und zum Teil auch sehr negativ angegangen worden.

Könnten Sie ein Beispiel nennen?

Es ging los im Speisesaal. Da gab es immer Buffet und es mussten natürlich alle um halb acht zum Essen kommen, obwohl es bis halb zehn abends Essen gab. Auch Max und Jonas standen immer pünktlich in der Schlange — sie sind einfach bestimmte Rhythmen gewöhnt. Aber sich geduldig anstellen, wenn sie Hunger haben, das können die beiden eben nicht unbedingt. Am Anfang haben sie sich die Teller natürlich irre voll geladen, aus lauter Angst, sie könnten hinterher nichts mehr bekommen. Mit der Zeit haben sie realisiert, dass man auch zweimal gehen kann. Aber dieses Anstehen in der Schlange führte doch manchmal zu Konflikten und sie wurden von manchen Leuten negativ kommentiert oder komisch beäugt.

Oder am Strand: Beide sind begeisterte Musik-liebhaber und hatten immer ihre CD-Spieler dabei. Dann saßen sie wippend auf ihren Liegen, bewegten sich zu ihrer Musik und Jonas sang auch dazu. Einmal kam ein tschechischer Junge, der wohl selber verhaltensauffällig war. Er schaute sich das eine Zeit lang an, baute sich dann vor den beiden auf, imitierte einen Gorilla und schnitt Grimassen.

Eine andere Situation von früher ist mir besonders gut in Erinnerung — es war im ICE. Vor einigen Jahren hatten diese Züge ja noch Bildschirme in die Sitze integriert. Jonas liebte es, an den Knöpfen herumzuspielen. Einmal war es so, dass im Sitz davor eine Frau saß, bei der das Bild immer weg war, wenn Jonas wieder einen Knopf gedrückt hatte. Dann kam es

»

Man gewinnt so einen völlig neuen Blick auf die wirklich wichtigen Dinge im Leben. Mit den beiden kommt man einfach wieder zur Besinnung auf das Wesentliche.

«

zum Streit. Und wenn Jonas schlecht gelaunt ist, benutzt er auch Kraftworte. Dann meinte eine ältere Dame, auf ihn einwirken zu können, dass man das und das nicht sagt. Als es nichts fruchtete, griff sie meinen Mann an, wie er so etwas zulassen könnte. Man hat aber vielleicht einfach keine Lust, immer und immer wieder zu erzählen, dass sie behindert sind,

nur weil man es ihnen vielleicht auf den ersten Blick nicht ansieht.

Das sind für mich klassische Beispiele, warum ich mit der Integration nicht so glücklich bin. Auf der anderen Seite gab es etwa im Türkei-Urlaub durchaus auch Menschen, die mich positiv auf die Jungs angesprochen haben und Verständnis zeigten. So etwas baut einen dann auch wieder auf.

Was sind für Sie positive Situationen, Situationen, die Sie als gewinnbringend erlebt haben oder in denen Sie dachten, das hätte sich vielleicht mit gesunden Kindern so nicht ergeben?

Auch da gibt es ganz Vieles. Einmal war ich mit einer Freundin und ihrer Tochter im Urlaub. Unsere Töchter waren eng befreundet zu dieser Zeit. Die Zwillinge müssen etwa sieben oder acht gewesen sein, Jonas entsprechend zwei Jahre älter. Wir waren am Comer See und sind bei Regen am Strand entlang gelaufen. Die Jungs haben Steinchen ins Wasser geworfen und sich köstlich amüsiert. Dann sagte meine Freundin zu mir: »Da siehst du, wie glücklich die beiden mit so wenig sein können. Davon könnten sich alle gesunden Kinder eine dicke Scheibe abschneiden.«

Das hab ich immer noch im Gedächtnis, weil es genau das ist, was ich im Zusammenleben mit den beiden immer wieder feststelle: Dass sie mit ganz einfachen, oft nicht materiellen Sachen glücklich sind. Man gewinnt so einen völlig neuen Blick auf die wirklich wichtigen Dinge im Leben. Mit den beiden kommt man einfach wieder zur Besinnung auf das Wesentliche. Und auch im Zwischenmenschlichen haben sie ganz besondere Fähigkeiten ausgebildet — vielleicht mehr noch als normale Kinder.

Wie äußern sich diese Fähigkeiten?

Sie spüren beispielsweise genau, wenn es einem schlecht geht, sie kommen dann von selbst auf einen zu, nehmen einen in den Arm und sagen: »Mama, nicht traurig sein!« Sie nehmen Spannungen, die ich etwa mit meinem Mann damals hatte, ganz sensibel wahr, ohne dass ein Wort fällt. Sie sind sehr hilfsbereit. Irgendwie haben sie einfach einen ganz anderen Blick auf die Welt.

Eine umfassendere Wahrnehmung des Umfelds, eine hohe Sensitivität?

Ja, genau.

Wie ist es mit Ihrer Tochter? Wann hat sie festgestellt, dass in ihrer Familie etwas anders ist als in anderen Familien? Wie war die Situation? Können Sie sich daran erinnern?

Den Zeitpunkt kann ich Ihnen ganz genau sagen. Es war, nachdem sie drei Tage im Kindergarten war. Drei Tage. Als ich sie abholte, sagte sie: »Mama, ich will jetzt immer den ganzen Tag in den Kindergarten und dort auch zu Mittag essen.« Später, als sie ein bisschen älter war — mit fünf, sechs Jahren — und ab und zu eine Freundin mit nach Hause gebracht hat, haben sich die Mädchen immer in ihrem Zimmer eingeschlossen. Und als sie erst in der Grundschule und dann im Gymnasium war, untersagte sie mir immer strengstens, irgendeinem ihrer Mitschüler oder Lehrer gegenüber zu erwähnen,

dass sie behinderte Brüder habe. Das hat sich erst, als sie 13 oder 14 war, gegeben. Ich fand es vor allem deshalb interessant, weil sie zu Hause, also familienintern, eigentlich alles für die Jungs getan hat. Auch wenn mal jemand kam, der sich irgendwie despektierlich oder kritisch äußerte, hat sie die beiden mit Klauen und Zähnen verteidigt.
Nachdem Anna Abitur gemacht hat, haben wir immer wieder darüber gesprochen, was sie jetzt vorhat. Irgendwann kam sie an und sagte mir ganz begeistert, sie habe sich für ein Freiwilliges Soziales Jahr beworben und übernehme jetzt in einem Behindertenkindergarten die Einzelbetreuung für einen kleinen Jungen. Da habe ich mich wirklich extrem gewundert.

Das ist wirklich interessant und schön zu hören. Lassen Sie mich Ihnen eine Frage stellen, die in eine ganz andere Richtung geht. Thema Schwangerschaftsabbruch: Haben Sie eine Vorstellung, wie Sie gehandelt hätten, wenn vorgeburtlich festgestellt worden wäre, dass eines Ihrer Kinder vom Fragilen-X-Syndrom betroffen ist?

Das ist eine sehr schwierige Frage. Ich habe oft, nicht im Bekannten- oder Freundeskreis, aber von Außenstehenden die Frage gehört: »Warum hast du dann noch ein zweites Kind gewollt?« Dann kann ich natürlich immer sagen, dass ich es zum Zeitpunkt der zweiten Schwangerschaft ja noch nicht wusste. Und meistens sage ich auch spontan: »Und wenn es so gewesen wäre, hätte ich nichts anders gemacht.« Schon allein deswegen, weil es sonst Anna und Max nicht gäbe und ich mir das aus heutiger Sicht nicht mehr vorstellen kann.

Sie eigentlich nicht noch einmal erleben wollen, weil sie so schlimm waren.

Aber zugleich glaube ich, dass das eigentlich unabhängig von der Frage nach einer Behinderung ist. Es ist einfach das Leben. Keiner kann voraussagen, wie es ihm gehen wird.
Ich habe Freunde, deren Sohn — er ist so alt wie meine Zwillinge — seit einem oder zwei Jahren fast permanent in der geschlossenen Psychiatrie ist, weil er an Depressionen leidet. Das ist einfach das Schicksal. Es ist eine Herausforderung, die es zu meistern gilt.
Rudolf Steiner und die Anthroposophen sagen ja, dass sich behinderte Kinder ihre Eltern aussuchen, bevor sie auf die Erde kommen. Ich bin jetzt kein eingefleischter Anthroposoph, das kann ich nicht behaupten, aber ein Stück weit glaube ich das schon auch.
Natürlich fragt man sich, wie das Leben anders hätte verlaufen können…

Aber das kann natürlich niemand vorhersagen. Was Sie ansprechen, finde ich ganz zentral. Es kann immer anders kommen, als man es sich vorstellt, beispielsweise, wenn ein Kind in späteren Jahren chronisch oder schwerwiegend erkrankt — und ich weiß gar nicht, inwieweit so etwas sogar noch viel schlimmer sein kann? So bekommt es vielleicht einen ganz anderen Charakter, weil man sozusagen keine Chance hatte, in die Situation hineinzuwachsen.

Ganz genau. Vor allem weil man oft auch viel weniger machen kann. Die Tochter von Freunden — sie ist jetzt 24, glaube ich — hatte etwa einen super Lebenslauf. War immer Musterkind. Hat ein sehr gutes Abitur gemacht und

Aber ich kann es wirklich nicht sagen. Einerseits waren es so traumatische Erfahrungen, die ich mein Leben lang nicht vergessen werde und die ich nicht noch einmal haben muss. Aber andererseits wächst man mit der Situation. Ich denke schon, dass ich es wieder genau so machen würde.

Ich finde, das ist sehr wichtig, weil Sie auch ganz klar sagen: Sie hatten Situationen, die

angefangen, Medizin zu studieren. Und ein Jahr später wäre sie fast gestorben, weil sie an Magersucht litt. Sie hat sich inzwischen zwar wieder gefangen, aber es war ein Leidensweg von drei Jahren.

Ich denke, man ist nie davor gefeit, dass irgendetwas etwas passiert. Viele sagen auch oft zu mir: »Mein Gott, was hast du für ein Schicksal? Du bist so tapfer, wie du das alles gemeistert hast.« Aber ich bin da hineingewachsen und habe eben versucht, das Beste daraus zu machen.

Man muss einfach die Situation anpacken und immer wieder versuchen, eine Perspektive zu schaffen. Das ist zwar schwierig, weil man auch immer ein bisschen abstrahieren muss, was tatsächlich für die Kinder — oder konkret für meine beiden Söhne — das Beste ist. Denn nicht immer ist es das Beste, nur weil ich es dafür halte — das ist natürlich etwas Allgemeines, was bei allen Kindern der Fall ist. Aber ich finde, gerade weil man dazu neigt, behinderte und gehandicapte Kinder besonders zu beschützen, muss man sich das von vornherein abgewöhnen.

Das Loslassen fällt bei Kindern mit Behinderung nochmals schwerer?

Ja. Mir geht es eigentlich bis heute so. Es bricht mir beispielsweise jedes Mal fast das Herz, wenn ich die Jungs nach längeren Ferien zurück in die Laufenmühle bringen muss.

Ich weiß noch: Max war eigentlich immer mein Nesthäkchen — Anna war, wie gesagt, früh ganztags im Kindergarten, Jonas war zu diesem Zeitpunkt schon in der Einrichtung und ich hatte den Nachmittag mit Max allein.

Unser Verhältnis war einfach besonders eng — Jonas hat körperliche Nähe ja auch nicht in dem Maße zugelassen. Ich sehe heute noch sein Gesicht, als Max zum ersten Mal in die

»

Rudolf Steiner und die Anthroposophen sagen ja, dass sich behinderte Kinder ihre Eltern aussuchen, bevor sie auf die Erde kommen. Ich bin kein eingefleischter Anthroposoph, das kann ich nicht behaupten, aber ein Stück weit glaube ich das schon auch.

»

Heimsonderschule ging und mich mit Tränen verabschiedet hat. Da hatte ich wirklich das Gefühl, ihn komplett im Stich zu lassen. Das Witzige war dann allerdings, dass sein Hauptbetreuer ihn praktisch als Kind adoptiert hat, weil er noch nie so extrem erlebt hatte, wie ein Kind trauert.

Heute ist es eigentlich eher umgekehrt. Im Moment hat Jonas eine Phase, wo er mich am liebsten auf den Buckel binden würde, wie man bei uns in Baden sagt, wo er richtig anhänglich sein kann, während Max sich gerade gut lösen kann. Max hat jetzt auch eine Freundin. Das ist so süß. Als ich letzten Montag hier in der Einrichtung zu Besuch war, habe ich gesagt: »Komm, nach der Arbeit fahren wir nach Welzheim und gehen einen Döner essen!« Er isst so gerne Döner. Jetzt ist aber montags immer der Tag, an dem er sich mit seiner Freundin trifft. Ich merkte, obwohl er Döner wirklich liebt, dass er richtig in Bedrängnis kam. Er hatte schon seine Prioritäten gesetzt und wollte sich lieber

»

Ich werde nie diese Hochglanz-bilder in den Zeitschriften vergessen, die im Wartezimmer der Frauenarztpraxen auslie-gen. Da wird einem vermittelt, dass es eigentlich nichts gibt auf der Welt, was toller ist als das Mutterglück. Aber es ist alles andere als das.

«

mit seiner Freundin treffen. Aber er überlegte, wie er mir das jetzt beibringen konnte. Dann sagte er: »Jasmin kommt!« Und ich: »Max, das ist doch klar, das ist doch viel wichtiger.« Da war er richtig erleichtert, dass ich jetzt nicht traurig war. In diesem Fall fand ich gut, dann eben mit Jonas alleine etwas unternehmen zu können. Wir haben sie ja sonst immer im Doppelpack und oft wird man jedem Einzelnen dann nicht gerecht, weil man einfach nicht in der Lage ist, auf beide gleich einzugehen. Und Jonas geht dann ganz oft unter, weil der Max einfach der Stärkere, Fittere ist.

Wir haben das Thema bereits ganz kurz angeschnitten: Was, glauben Sie, hat sich in Ihnen durch die Behinderung der beiden Söhne bewegt oder geändert? Oder anders gefragt: Glauben Sie, dass Sie durch die Erfahrungen auch mehr in sich selber hineinspüren können?

Auf jeden Fall. Das kann ich nur bestätigen.

Glauben Sie, dass man sich in der Betreuung dieser Kinder immer wieder und vielleicht mehr noch als in anderen Situationen in sich selbst zurückziehen muss, sich selbst reflektieren muss?

Ja. Auf jeden Fall!

Ist das Gespür, sich tiefer mit sich selbst zu befassen und sich so vielleicht auch selbst näherzukommen, ein prozesshaftes Geschehen?

Ja, es ist sicher so, dass man sich ständig hinterfragt und mehr in sich hineinspürt. Und das ist ein sehr langer Prozess. Wenn Sie mich das vor 20 Jahren gefragt hätten, dann weiß ich nicht, ob ich so geantwortet hätte.

Kann es sein, dass man durch die Erfahrung, die Sie gemacht haben, auch andere Probleme in einem neuen Licht sieht? Dass man vielleicht auch spürt, aus der eigenen Erfahrung heraus eine Toleranz entwickelt zu haben?

Ja, mit Sicherheit. Wobei ich noch differenzieren würde. Es ist natürlich auch sehr stark von Menschen abhängig. Mein Mann — wir leben

inzwischen seit vier Jahren getrennt — konnte am Anfang überhaupt nicht mit der Situation umgehen. Und ich habe ihm das oft auch vorgeworfen. Heute sehe ich das aber ein bisschen anders. Er kommt aus einer hochintelligenten Familie. Sein Vater war ein echter Superprofessor, eine Koryphäe auf seinem Gebiet und er hat dieses Leistungsdenken von seiner Familie ganz stark mitbekommen. Auch seine drei Geschwister haben es alle zu etwas gebracht, wie man so sagt, und er hatte es einfach gar nicht realisiert, jetzt zwei behinderte Kinder zu haben.

Wenn er es intellektuell beleuchtete, war das nicht der Fall, aber im Streit, in einer emotionalen Situation, hat er es mir auch vorgeworfen: »Das hast du mir eingebrockt, es kommt ja aus deiner Familie.« Er wollte die Auseinandersetzung damit an mich delegieren. Aber ich habe ihn dann mehr oder weniger gezwungen, sich zu informieren, zu den verschiedenen Veranstaltungen mitzugehen und so weiter. Vorhin hatte ich Ihnen ja schon gesagt, dass mein Mann die Kinder zunächst nur über seine Leiche weggegeben hätte. Aber ich habe ihn gefragt: »Wirst du sie dann pädagogisch betreuen, oder wie? Wirst du dann dafür verantwortlich sein, wie selbständig sie später einmal leben können?« Und schließlich hat er sich mit mir dann doch verschiedene Einrichtungen angesehen. Ein Stück weit ist er auch ein besseres Beispiel dafür als ich, wie man in die Aufgabe hineinwachsen kann. Ich habe mit 15 meinen ersten Ferieneinsatz in einem Behindertenheim gehabt und dann ein soziales Jahr angehängt. Ich konnte mir zwar damals nicht im Traum vorstellen, selbst später einmal behinderte Kinder zu haben. Aber ich

hatte zumindest schon eine gewisse Sensibilität für das Thema mitgebracht, die er überhaupt nicht hatte.

In den Zeiten, als Max und Jonas dann in der Heimsonderschule waren, hat er sich auch im Elternverein mit mir zusammen sehr engagiert. Zuerst habe ich ihn also in all das hineingestoßen, aber inzwischen stelle ich fest, dass er, seit wir getrennt leben, sich wirklich sehr viel Mühe mit den Jungs gibt und sie auch regelmäßig — wir teilen uns die Ferien — alleine betreut. Er hat im Laufe der Jahre eine echte Empathie für seine Söhne entwickelt.

Trennungen sind heute viel selbstverständlicher und häufiger geworden als früher. Denken Sie, dass Partnerschaften von Eltern behinderter Kinder noch einmal stärker betroffen sind?

Ja, meiner Erfahrung nach ist das so. Ich bin in einer Gruppe von sechs Frauen — alle aus Kassel —, die gesunde und auch behinderte Kinder haben. Nur eine von diesen sechs ist noch mit dem Vater der gemeinsamen Kinder verheiratet.

Ich habe sehr deutlich erfahren, was es bedeutet, Kinder zu haben, wie vor allem die Beziehung darunter leidet und was es heißt, das zu meistern. Da macht sich keiner Gedanken drüber. Ich werde nie diese Hochglanzbilder in den Zeitschriften vergessen, die im Wartezimmer der Frauenarztpraxen ausliegen. Da wird einem vermittelt, dass es eigentlich nichts gibt auf der Welt, was toller ist als das Mutterglück. Aber es ist alles andere als das.

Eine Frage bleibt mir noch: Vielleicht können Sie mir ein, zwei eindrückliche Situationen schildern, wo Sie in Ihrem Umfeld, in der Verwandtschaft positive Erfahrungen gemacht haben. Gab es Hilfestellungen, die Sie regelmäßig in Anspruch nehmen konnten oder positive Resonanz, auch im öffentlichen Leben?

Was das öffentliche Leben betrifft, müsste ich schon ganz arg lange nachdenken. Ich kann mich eigentlich nicht erinnern, dass ich selbst mal eine richtig positive Erfahrung gemacht habe.

Was mir einfällt, ist eine Situation aus einem Urlaub in Italien, den Jonas mit einer Gruppe aus Lauterbad dort verbracht hatte. Sie waren zu zehnt unterwegs und waren einmal Eis essen gegangen. Als der Betreuer die Rechnung bezahlen wollte, sagte der Eisdielenbesitzer, ein Herr habe schon für sie bezahlt.

Persönlich war es für mich eher so, dass ich Hilfestellung aus dem Bekannten- oder Freundeskreis bekam, insbesondere von meiner Mutter und meiner Schwiegermutter. Hervorheben muss ich aus unserer Kasseler Zeit eine besondere Freundin von mir — die Einzige, zu der ich mit meinen drei Kindern kommen konnte. Es gab viele andere, da wäre ich freiwillig gar nicht hingegangen, weil ich die Kinder nie so hätte beaufsichtigen können, dass nicht irgendwo etwas kaputt gegangen wäre.

Als wir schon in Karlsruhe wohnten, die Jungs aber noch in der Heimsonderschule waren, hat sie mir immer geholfen, Wäsche zu waschen. Sie können sich vorstellen, wie viel Wäsche bei zwei Kindern innerhalb von ein paar Wochen anfällt. Meine Freundin ist immer ganz selbstverständlich ins Lauterbad gefahren, hat die Wäsche geholt und sie gewaschen — bestimmt einige Jahre lang. Damit hat sie

mich schon sehr unterstützt. Im Familien- und Freundeskreis habe ich also schon Hilfe bekommen — überhaupt keine Frage.

Ich danke Ihnen für das Gespräch.

MARIUS

Sabine B. ist die gesetzliche Betreuerin von Marius, der das Down-Syndrom hat. Kennengelernt hat sie Marius vor über 25 Jahren, als sie selbst in der Einrichtung arbeitete, in der Marius bis heute lebt. Schon als Kind ging Marius in den Ferien immer zu Frau B., zu seiner eigenen Familie bestand nie Kontakt. So ist eine enge Beziehung entstanden, die bis heute andauert. Als Marius' Gruppenleiterin und gesetzliche Betreuerin vor zwölf Jahren in Rente ging, übernahm Frau B. selbst seine gesetzliche Betreuung. Aus dem schüchternen Kind ist heute ein selbstbewusster Mann geworden, der gerne zu seiner Arbeit in der Gärtnerei der Einrichtung geht und Klavier und Flöte spielt. Ein Gespräch über die Bedeutung von Beziehung, die Einseitigkeiten des Inklusionsgedankens und darüber, was Menschen mit Behinderung bewirken können.

Barbara Oehl-Jaschkowitz:
Frau B., Sie sind die gesetzliche Betreuerin von Marius. Er ist bereits erwachsen. Wie alt ist er?

Frau B.:
Er ist 31 Jahre alt.

Sie sind nicht mit Marius verwandt. Wie ist es dazu gekommen, dass Sie seine Betreuerin geworden sind?

Marius lebt in der Laufenmühle — einer anthroposophischen Behinderteneinrichtung östlich von Stuttgart —, seit er drei Jahre alt ist. Ich habe dort vor vielen Jahren mein Anerkennungspraktikum gemacht und arbeitete in der Gruppe, in der er wohnte. Als ich Marius kennen gelernt habe, war er fünf.
In den Ferien sind viele Kinder immer nach Hause gefahren. Er hat damals noch sehr wenig gesprochen und wenn die anderen nach Hause gingen, sagte er immer: »Ich Hause«. Er wollte auch nach Hause! Dann hat es sich ergeben, dass ich ihn öfters in den Ferien zu meinen Eltern mitgenommen habe. Es wurde mit der Zeit immer häufiger und hatte bald seine Regelmäßigkeit.
Als seine Gruppenleiterin in Rente ging und seine Betreuung abgeben wollte, wurde ich gefragt, ob ich das übernähme. Ich arbeitete zu diesem Zeitpunkt schon nicht mehr in der Laufenmühle, aber die Beziehung zu Marius war geblieben. In den Ferien war er ohnehin immer bei uns, und von daher war es im Grunde eine Selbstverständlichkeit. Mittlerweile bin ich schon seit zwölf Jahren seine gesetzliche Betreuerin.

Dann kennen Sie ihn sehr lange. Können Sie etwas über seine Eltern sagen?

Ich weiß über seinen familiären Hintergrund relativ wenig, weil nie Kontakt bestand. Ich kann nur soviel sagen: Marius hat eine große Schwester und einen kleinen Bruder, die beide zuhause wohnen. Wir haben diesem Umstand entnommen, dass Marius aufgrund seines Down-Syndroms gleich nach seiner Geburt ins Heim gekommen ist und seither auch keine Beziehung zu seinem Elternhaus aufbauen konnte.

Er ist also auch in den Ferien nicht nach Hause gegangen?

Richtig, er war nie zuhause, es gab einfach keine Anbindung an die Eltern oder Geschwister. Als ich die Betreuung übernehmen sollte, habe ich versucht, Kontakt zu seiner Familie aufzunehmen — ich dachte, jeder hat eine zweite Chance im Leben verdient, vielleicht können die Eltern jetzt eine Beziehung mit Marius aufbauen.
Dann erfuhr ich, dass sein Vater bereits verstorben war. In einem Brief an seine Mutter und ebenso in Briefen an seine beiden Geschwister habe ich geschrieben, dass ich die Betreuung übernehmen würde, wenn von ihrer Seite nichts dagegen spräche. Und ich habe in diesem Zusammenhang auch dezidiert gefragt, ob sie Kontakt zu Marius aufnehmen wollten.
Vom Bruder und der Mutter kam gar keine Antwort. Die Schwester schrieb, sie würden sich interessieren, aber ich solle ihm noch nicht sagen, dass er eine Schwester habe.

Anschließend beschrieb ich in einem weiteren Brief seinen Tagesablauf ausführlicher, erzählte, was er macht und wie er sich entwickelt hat und legte auch ein paar Fotos bei. Auf diesen Brief habe ich aber nie eine Antwort bekommen. Ich denke, man kann davon ausgehen, dass es einfach an der Behinderung gelegen hat. Man weiß, dass es ein sehr schwieriges Milieu war und der Vater wohl auch mit Alkoholproblemen zu kämpfen hatte.

»

Auch wenn jemand durch seine Behinderung nur kurze Zeit zu leben hat, vielleicht nur wenige Jahre oder noch kürzer, so hat derjenige meiner Meinung nach trotzdem eine Aufgabe und es gibt irgendeinen Grund, dass es so kommt, wie es eben kommt.

«

Wie haben Sie Marius in seiner Kindheit bis zur Pubertät erlebt? Gibt es Besonderheiten, war er ein fröhliches Kind oder war er — Sie sagten eingangs, er habe sehr wenig gesprochen — verschlossen?

Verschlossen würde ich nicht sagen. Er war eines dieser netten, freundlichen Down-Syndrom-Kinder — aber sehr, sehr schüchtern

und zurückhaltend. Wenn etwas neu war, hat er sich immer gleich hinter dem Rockzipfel von bekannten Leuten versteckt. Er war ein kleiner Feigling: Angst vor Hunden, Angst vor der Dunkelheit, Angst vor allem Möglichen — typisch für Kinder ohne Eltern. Und lange Zeit war er auch sehr klein. Er hat wenig gegessen und sich einfach sehr langsam und zaghaft entwickelt. Die Ernährung und das Leben in den ersten drei Jahren im Säuglingsheim haben dazu sicher auch beigetragen.

Ist Marius nie zuhause gewesen?

Wie den Akten zu entnehmen ist, nicht. Er war von Anfang an im Säuglingsheim.
Mit drei Jahren musste er von dort weg und kam dann eben mit dreieinhalb Jahren — so lange dauerte es, bis man ein geeignetes Heim fand — in die Laufenmühle, die für ihn auch ein Stück weit sein Zuhause geworden ist.

Denken Sie, es hat ihm an Nestwärme gefehlt?

Er hatte eine wirklich liebe Gruppenmutter, die für die Kinder gesorgt hat, als wären es ihre eigenen. Aber trotzdem war er einer von zehn. Das ist natürlich schon etwas anderes, als zuhause aufzuwachsen. Entsprechend hat er es genossen, zu uns nach Hause zu kommen. Da war er schon ein bisschen der Hahn im Korb. Und tatsächlich hat er im Laufe der Zeit auch eine Sicherheit entwickelt, weil er wusste, wo er hingehört.
Dazu muss ich Ihnen ein nettes Beispiel erzählen: Er muss etwa zehn gewesen sein, da hat er im Winter schöne neue Stiefel bekommen. Es war matschiges Wetter und er lief

dann, wie Kinder so sind, gern durch den Dreck. Seine Gruppenmutter rief ihm zu: »Marius, kommst du da raus aus dem Dreck mit den schönen neuen Stiefeln…« Und er drehte sich um und sagte: »Katrin, ich darf im Dreck laufen — sonst geh ich nach Steinenberg«, sprich: zu mir und meiner Familie. — Heute, würde ich sagen, ist er eigentlich recht selbstbewusst.

Wie ist seine Schulentwicklung verlaufen?

Ich denke, er ist ein Praktiker. Er hat beispielsweise schon immer zählen können, so dass er zum Essen die richtige Anzahl Löffel aus der Schublade genommen hat. Aber er rechnete dann nicht mit Zahlen, sondern danach, wer jeweils da war: Sabine, Michael, Achim… also anhand des praktischen Lebens! Auch Buchstaben kann er schreiben — und ist ganz überzeugt von seinem Können. Aber eigentlich sind Rechnen, Lesen, Schreiben nicht seine Disziplinen und er kann nicht wirklich lesen und schreiben.

In welcher Gruppe arbeitet er jetzt in der Laufenmühle?

Er hat schon verschiedene Werkstätten durchlaufen, arbeitet jetzt aber primär im Garten, zum Teil mit den Tieren, das ist ganz toll. Und im Winter basteln sie Gestecke und ziehen Kerzen. Längere Zeit hat er auch in der Bäckerei mitgearbeitet, wo er sehr glücklich war. Dann gab es einige kürzere Episoden in der Holzwerkstatt und der Wäscherei. Aber ich würde sagen: Bäckerei und Gärtnerei, das ist seine Welt. Und das Künstlerische: Er macht regelmäßig im Weihnachtsspiel und bei Theaterprojekten mit und spielt außerdem Flöte und Klavier. Diese künstlerische Arbeit liebt er über alles.

Es ist schön zu hören, dass solche Dinge möglich sind.

Es braucht die entsprechende Anleitung, dann geht das!

Sie hatten Marius als Kind sehr schüchtern beschrieben. Wie ist er jetzt? Wie hat er sich im Laufe der Jahre entwickelt?

Er ist heute relativ selbständig, wenn ihm die Abläufe bekannt sind. Dann weiß er, wie etwas funktioniert und kann sich weitgehend selbst versorgen. Aber er kann auch Hilfestellung annehmen. Wichtig ist für ihn, dass immer eine Klarheit besteht und er weiß, wie etwas gewollt und gemeint ist. Wenn er nicht verstanden wird oder nicht versteht, was er soll, wird er stur und verschließt sich. Wenn er gesundheitlich irgendeine Kleinigkeit hat, darf man nicht den Fehler machen und fragen: »Tut es weh?« Dann kann er nämlich plötzlich sterbenskrank sein. Wenn man ihm aber sagt: »Schau, es ist doch schon besser!« — dann ist es auch besser… Und die Frage nach der eigenen Meinung, die ist ihm immer wieder zu stellen. Er ist sehr leicht beeinflussbar, eben auch in seiner Meinung und in seinem Willen. Das macht eine gute Anleitung besonders hilfreich und nötig.

Würden Sie sagen, er ist glücklich?

Ich würde sagen: So wie jeder andere auch. Es gefällt ihm nicht alles, aber mir auch nicht. Im Grunde ist er ein lebensfroher Mensch, er hat seine Dinge, die er gern macht, er liebt seine Arbeit und er hat in der Laufenmühle und bei uns — also bei meiner Mutter, meinen Brüdern und mir — soziale Anbindung gefunden.

Wie wichtig schätzen Sie die Anbindung an Ihr Zuhause für sein Wohlbefinden ein?

Ich glaube schon, dass das sehr wichtig für seine Entwicklung gewesen ist, vor allem, weil er so seine Schüchternheit ein Stück weit ablegen konnte. Menschen wie Marius sind auf Konstanten im Leben angewiesen.

Hatte er Glück im Unglück, Sie und Ihre Familie gefunden zu haben?

Vielleicht, ja. Wobei sein Unglück auch nicht so groß war, weil er mit der Laufenmühle bereits ein Heim gefunden hatte, wo die Gruppenleiterin jederzeit für ihn da war, auch in

den Ferien. Sie hat ihm die leibliche Mutter schon ein Stück weit ersetzt.

Ich würde Ihnen gerne einige Fragen zu Ihnen selbst und zu Ihren Beweggründen stellen — auch, wenn es hier in erster Linie um den von einer Behinderung betroffenen Menschen geht. Warum entscheidet sich eine Schwangere für das Kind mit Down-Syndrom, warum entscheidet sich jemand — wie Sie es getan haben — für die Übernahme solch einer Betreuung? Was war bei Ihnen der Auslöser?

Ich sehe es bei mir als fließenden Übergang. Als die Frage kam, ob ich die Betreuung über- nähme, gab es schon diese ganz intensive, über zehnjährige Beziehung zu ihm. Warum hätten wir da einem Fremden von Amts wegen die Betreuung übergeben sollen? Es lag im Prin- zip auf der Hand und war letztlich nur noch eine Formalie. Außerdem hat die Sozialarbeit bei mir immer eine Rolle gespielt. Ich habe erst in der Laufenmühle gearbeitet und dann im Stuttgarter Raphaelhaus angefangen, wo ich jetzt seit 20 Jahren tätig bin. Dort leben Menschen mit sehr hohem Hilfebedarf, die komplett auf Pflege angewiesen sind.
Und drittens kommt der Gesichtspunkt hinzu, dass ich selber eine starke Sehbehinderung mit einem Sehrest von knapp zehn Prozent habe. Von daher bin ich immer schon in dieser Welt der Einschränkung ein Stück weit zuhau- se, in der man mit Besonderheiten zurecht kommen muss.

Das ist natürlich eine Erfahrung, die nicht alle haben. Seit wann haben Sie Ihre Sehbehinde- rung? Von Geburt an?

Ja, ich habe eine angeborene Netzhauterkran- kung.

War die Sehbeeinträchtigung schon immer bei zehn Prozent oder ist sie fortschreitend?

Im groben Rahmen ist es von Anfang an rela- tiv unverändert. Wenn man allerdings 40 wird, wird man zwar gescheiter, aber man sieht auch schlechter. Da ist die Sehfähigkeit ein bisschen herunter gegangen.

So dass Sie sagen würden, Sie wissen, was es bedeutet, mit Beeinträchtigungen zu leben?

Ja. Man muss natürlich mit seiner eigenen Si- tuation umgehen lernen. Ich habe mich auch damit arrangieren müssen. Eigentlich wollte ich unbedingt Erzieherin werden. Dann war aber klar: Eine Kindergartengruppe mit 20 Kindern — das geht nicht. Man muss sehen können, was die Kinder tun. Ich hätte es nicht gesehen. Und so blieb für mich die Behinder- tenarbeit, in die ich anfangs ein bisschen hin- eingeschlittert bin, ohne viel darüber nachzu- denken. Aber in der Zwischenzeit würde ich nicht woanders arbeiten wollen. Ich bin da sehr glücklich. Es ist eine eigene, aber auch sehr schöne Welt, eine wahre Welt, gewissermaßen.

Was meinen Sie mit »wahrer« Welt?

Schauen Sie sich einmal im Kindergarten ge- sunde Drei-, Vier- oder Fünfjährige an. Sie zeigen Ihnen, welche Markenkleidung sie tra- gen und geben damit an, was sie besser können als andere. Das ist in der Regel bei unseren Kindern nicht so. Sie freuen sich mit dem anderen Menschen über all seine Fähigkeiten. Das meine ich mit wahrer Welt. Natürlich haben auch wir Probleme mit unseren Kindern. Aber sie drehen sich nicht um Alkohol, Rauchen, Drogen, Gewalt, um all diese im Prinzip hausgemachten Probleme. Es sind eher Fragen, die sich auf den Gesundheitsaspekt beziehen. Und sicher gibt es bei behinderten oder

»

Für mich ist einfach das Leben als solches wesentlich, unabhängig davon, was ein Mensch kann und leistet.

«

eingeschränkten Menschen auch unglückliche Zeitgenossen — aber eben genau so, wie bei anderen auch.
In gewisser Weise ist es einfach eine noch heile Welt. Bei unseren ganz Schwachen denkt man vielleicht zunächst, sie könnten im Grunde gar nichts. Aber Gefühle und Stimmungen, beispielsweise Freude wahrnehmen — das können sie unglaublich rein und wahr. Hinzu kommt für mich, dass es eine langsamere Welt ist, ohne diesen üblichen Zeitdruck. Das genieße ich sehr.

Ein häufiges Thema in den Gesprächen mit Eltern und werdenden Eltern ist die Angst, was aus dem Kind wird, wenn sie sich nicht mehr kümmern können, die Angst, ihr Kind loszulassen. Wie ist Ihre Wahrnehmung hierzu? Wie schätzen Sie es ein, ein Kind in eine Einrichtung abzugeben?

Es ist sicher oft ein schwerer Schritt, wobei ich das pauschal nicht beurteilen will. Für mich zeigt sich immer wieder: Es gestaltet sich alles so individuell, wie in jedem Leben. Ich versuche den Eltern oft klarzumachen, dass ein Kind, wenn es erwachsen ist, normalerweise auch ausziehen und heiraten würde. Dann ist es doch auch in Ordnung, wenn ihr behindertes Kind auszieht. Und die Eltern sind frei, es jederzeit zu besuchen, so wie man das bei allen Kindern macht.

Das ist ein ganz wichtiger Aspekt, den Sie hier darstellen. Denn die Angst, ihr Kind abzuschieben, ist bei Eltern irgendwo immer ein bisschen da.

Ja, diese Angst gibt es. Sie fühlen sich dann gerne als schlechte Menschen. Aber nicht zu vergessen ist hier auch das Umfeld, das oft einen erheblichen Druck ausüben kann.
Für mich ist ein Heim aber einfach eine Lebensform, weder gut noch schlecht, genauso wie das Leben im Elternhaus. Und wenn das im Kindesalter schon nötig ist, ist es doch gut, wenn es dann möglich ist.

Ich hatte beispielsweise schon die Situation, dass ein Kind nach mehreren Jahren im Heim wieder nach Hause konnte, wenn etwa die Geschwisterkinder älter geworden sind und sich die Situation daheim entspannt hat. Man muss immer auch an die Geschwister denken: Es geht nie nur um ein behindertes Kind, es geht immer um eine Familie im Ganzen. Auch die Geschwister müssen sich auf eine gesunde Art und Weise entwickeln dürfen. Ich muss mit ihnen Fahrrad fahren, wandern und klettern

gehen können und kann da einen Rollstuhl-fahrer einfach schlecht integrieren. Ich meine damit: Es darf nicht alles wegen eines kranken Kindes lahm liegen.

Würden Sie sagen, Kinder mit Einschränkun-gen haben das Recht, im Rahmen ihrer Mög-lichkeiten, ein eigenes Leben zu gestalten — sofern das nicht selbstständig geht, eben mit Assistenz und Betreuung?

Ja. Und es gibt heute schon viele Möglichkei-ten und Angebote, viele unterschiedliche Hei-me und Lebensformen, zwischen denen man wählen kann. Für mich persönlich habe ich auch selber erlebt, dass es nicht nur gut ist, wenn ich alles mit Menschen ohne Sehbehin-derung zusammen mache. Es tut auch gut, etwas mit Blinden oder sehbehinderten Freunden zu unternehmen. Dann ist man nicht immer derjenige, der eben doch einen Extraaufwand braucht. Es ist auch eine Art von Integration, mit Gleichen zusammenzu-sein. Von dieser ganzen Inklusionsdebatte bin ich kein großer Freund, es sollte immer alle Möglichkeiten geben.

Inklusion ist ja heute ein prominentes Thema. Aber sicherlich hat es nicht nur Vorteile. Gerade diesen Aspekt der Überforderung sollte man nicht übersehen, vor allem auch bei Kindern mit mentaler Beeinträchtigung, die dann vielleicht eher an Frustrationserlebnissen leiden.

Natürlich. Sie erleben immer, dass sie langsa-mer sind oder etwas weniger gut können. Es ist zugleich aber auch eine Frage des Fachwissens.

Wenn ich schon 20 mehrfach behinderte Kin-der betreut habe, kann ich in diesem Bereich Kompetenzen ausbilden. Von einem Erzieher im Kindergarten kann ich nicht verlangen, dass er immer weiß, wie man in welcher Situ-ation mit Kindern im Rollstuhl umgeht oder was ein Kind an Hilfsmitteln braucht.
Oder die Lehrer: Was machen Sie als Lehrer, wenn Sie in der Schulklasse plötzlich ein blindes und ein hörbehindertes Kind haben, dazu einen hohen Migrationsanteil und einige Kinder mit Verhaltensauffälligkeiten? Das ist die totale Überforderung! Mehr Lehrkräfte in der Klasse, Schwerpunktschulen — das geht nicht immer.

Stellen sich für Sie also Probleme dar, die im Inklusionsgedanken möglicherweise gar nicht berücksichtigt worden sind?

Gerade für die ganz Schwachen halte ich das für sehr schwierig. Wie soll ein Kind im Roll-stuhl, das sich selbst gar nicht bewegen kann, das nicht sprechen kann, vielleicht blind ist und eine geistige Behinderung hat, in einer Gruppe mit 20 anderen mitbekommen, was los ist? Dieses Kind braucht zum Essen eine dreiviertel Stunde, es hat einen viel höheren Ruhebedarf und erschrickt jedes Mal, wenn irgendein Bauklotzturm zusammenfällt. Für ein solches Kind wäre Inklusion vielleicht eher eine Strafe! Aber wo es gut geht, soll es auch sein dürfen.

Lassen Sie uns nochmals auf Marius zurück-kommen: Erinnern Sie sich an ein besonders schönes Erlebnis mit ihm, von dem Sie sagen würden, das hat mich und meine Familie bereichert?

Er bereichert uns ungemein. Meine Brüder hatten früher kaum Kontakt mit behinderten Menschen. Beide haben Marius aber gleich akzeptiert und sehr liebevoll aufgenommen. Sie nehmen ihn einfach an, so wie er ist, ohne dass er Leistung bringen müsste. Auch meine Eltern waren sehr, sehr offen und haben gesagt, ich könne ihn immer mitbringen — das war wunderbar. Und meine Brüder kümmern sich

> »
>
> *Bei unseren ganz Schwachen denkt man vielleicht zunächst, sie könnten im Grunde gar nichts. Aber Gefühle und Stimmungen, beispielsweise Freude wahrnehmen – das können sie unglaublich rein und wahr.*
>
> «

rührend um ihn. Einmal — ich war nicht da, meine Mutter lag im Krankenhaus und mein Vater musste arbeiten — sind meine Brüder zu ihrem Chef gegangen (sie hatten den gleichen Arbeitgeber) und haben gesagt: »So sieht es aus: Marius kommt, einer von uns beiden muss frei bekommen.« Und das hat dann auch geklappt. Nur meine Oma hatte es am Anfang schwer mit ihm. »Was wollt ihr denn mit dem Jungen, der wird doch nie lesen und schreiben lernen?« — das waren ihre Worte. Aber irgendwann hat sie ihn akzeptiert und bald auch sehr geliebt, weil er sich über alles so

freuen konnte, über eine Tafel Schokolade mehr als jeder andere. Da hatte sie diese Wahrheit und diese Klarheit erkannt, die von Kindern mit Down-Syndrom ausgeht.

Würden Sie soweit gehen, zu sagen, dass er irgendwo auch eine integrative Funktion innerhalb der Familie hat, ein Bindeglied darstellt?

Ja, für jeden Einzelnen. Und meinen Brüdern hat er sicherlich eine ganz neue Welt eröffnet. Sie haben erlebt, dass das Leben nicht nur aus Leistung besteht.

Gab es Situationen, in denen Sie schlechte Erfahrungen gemacht haben?

Das fällt mir jetzt auf Anhieb viel schwerer. Ich sehe grundsätzlich das Glas lieber halb voll als halb leer. Aber es gibt schon Situationen. Einmal waren wir mit der Laufenmühle wandern. Wir setzten uns mit den Kindern zur Pause auf eine Bank und merkten dann, dass die Nachbarbank, wohl eindeutig deshalb, ganz schnell leer wurde. Da ist man schon vor den Kopf gestoßen. Aber zwischenzeitlich denke ich: Das sind eigentlich arme Leute, die bedauert werden müssen, wenn sie damit nicht umgehen können.

Würden Sie sagen, dass Ihre persönliche Haltung etwas mit Religiosität zu tun hat?

Religion ist mir schon wesentlich. Und durch die Arbeit, die ich jetzt schon viele, viele Jahre mache, hat sich das vielleicht noch einmal vertieft. Religion trägt mich auf jeden Fall ein Stück weit. Und meine Arbeit ist für mich wirklich mehr als Arbeit im eigentlichen Sinne. Es ist eher praktisch, dass ich damit auch noch nebenher Geld verdiene…

Darf ich fragen, wie Sie zum Thema Schwangerschaftsabbruch stehen?

Ich würde es nicht bis in alle Ewigkeit verteufeln. Aber ich bin kein Freund davon.
Auch bei der Diagnose von schwersten Behinderungen kann ich doch nicht wissen, ob der Mensch glücklich sein wird oder nicht. Er kann vielleicht der glücklichste Mensch werden, während jemand ohne Einschränkungen vielleicht ein ganz unglücklicher Mensch sein wird.
Auch wenn jemand durch seine Behinderung nur kurze Zeit zu leben hat, vielleicht nur wenige Jahre oder noch kürzer, so hat derjenige meiner Meinung nach trotzdem eine Aufgabe und es gibt irgendeinen Grund, dass es so kommt, wie es eben kommt. Wer weiß, was er in der kurzen Zeit, in der er da ist, in seiner Familie bewirkt.
Gerade für Eltern ist das meiner Ansicht nach ein wichtiger Gedanke. Ich kenne eine Mutter, die ein Kind hat, von dem man weiß, dass es nicht alt werden wird. Die Ärzte haben ihr gesagt, sie solle die Zeit genießen, die ihnen bliebe. Und genau das tut sie!

Gut, wenn man das kann!

Ja, gut wenn man das kann, aber oft muss man es einfach lernen. Man muss es nicht unbedingt gleich können. Ich glaube, wenn man es lernen musste, gewinnt das vielleicht noch eine tiefere Qualität, als wenn man es gleich gekonnt hätte. Wer weiß…

Ja, gut möglich — weil man sich dann mehr damit auseinandergesetzt hat. Gibt es vielleicht etwas, das Sie uns zum Abschluss gerne mitgeben würden?

Im Grunde haben wir schon ganz viele wichtige Aspekte angesprochen. Für mich ist einfach das Leben als solches wesentlich, unabhängig davon, was ein Mensch kann und leistet. Wichtig ist, wie ein Mensch lebt. Dabei hat für mich ein behinderter Mensch genau die gleichen Qualitäten und Möglichkeiten wie andere, wenn nicht gar noch mehr. Er ist viel weniger abgelenkt von all dem, was um ihn herum passiert.
Und in Bezug auf ihre Mitwelt haben behinderte Menschen große Aufgaben und irgendwo auch große Möglichkeiten. Ich lebe ja nicht nur für mich, sondern auch für meine Umwelt, die mich einerseits prägt, aber die ich andererseits auch beeinflussen kann. Oftmals bewirkt ein Mensch mit Behinderung ganz viel in seinem Umfeld. Ein behindertes Kind etwa kann in seiner Familie meist viel mehr ändern, als ein gesundes. Darin liegt eine große Chance.

Vielen Dank für das Gespräch.

JÖRG

Jörg weist das Williams-Beuren-Syndrom auf. Es ist in der Regel gekennzeichnet durch eine Intelligenzminderung, dem häufigeren Auftreten eines angeboren Herzfehlers, einer Bindegewebsschwäche und einer Weitsichtigkeit.

Menschen mit Williams-Beuren-Syndrom sind nicht selten musikalisch und haben ein freundliches, offenes und zugewandtes Wesen. Eine besondere sprachliche Begabung äußert sich häufiger darin, dass trotz der allgemeinen Intelligenzminderung eine Fähigkeit zum Auswendiglernen von Liedertexten, aber auch kleineren Gedichten besteht.

Die Mutter von Jörg erzählt von ihrer Auseinandersetzung mit der sich abzeichnenden Behinderung ihres Sohnes und der Diagnose eines damals noch weitgehend unbekannten Krankheitsbildes. Sie schildert ihre Erfahrungen und Entscheidungen bezüglich des Bildungs- und Lebensweges von Jörg und beschreibt nicht zuletzt auch eine persönliche Bereicherung durch die Auseinandersetzung mit der Erkrankung ihres Kindes.

Barbara Oehl-Jaschkowitz:
Was können Sie uns zur Schwangerschaft mit
Jörg und zu seiner Säuglingszeit erzählen?

Frau W.:
Jörg kam drei Wochen nach dem errechneten Geburtstermin zur Welt. Bei der Geburt hieß es, dass ich einen gesunden Sohn habe. Jörg hat 2960 Gramm gewogen, im Gegensatz zu seinem Bruder, der bei der Geburt 3800 Gramm wog. Aber es gibt viele Kinder, die unter drei Kilo wiegen. Mir fiel dann aber auf, dass er oft schläfrig und müde war. Wenn ich ihn stillte, schlief er häufig an der Brust ein. Aber ich nahm an, dass dies Dinge waren, die bestimmt bei anderen Kindern auch vorkommen.

Wann ist Ihnen aufgefallen, dass Jörg sich nicht normal entwickelt?

Etwa als er ein Jahr alt wurde. Meine Schwester hat zwei Kinder, die zwei Jahre älter sind, so hatte ich immer einen guten Vergleich. Schon wenn Jörg auf mich zukam, hatte ich bemerkt, dass es ganz anders war, als beispielsweise bei den Kindern meiner Schwester. Ich habe schon am Gesichtsausdruck gesehen, dass Jörg nicht wie ein gesundes Kind wirkt. Vom Ganzen her war er anders. Ich erinnere mich, dass auch seine sprachliche Entwicklung langsamer verlief. Ich habe dann die verzögerte Entwicklung von Jörg beim Kinderarzt angesprochen. Der sagte mir aber, dass Jörg gesund sei, ein ganz normales Kind. Ich bräuchte mir überhaupt keine Gedanken zu machen. Er sei ein Spätentwickler, das komme alles noch.
Meine Schwester kannte einen Kinderpsychologen. Der ist dann zu mir nach Hause gekommen,

ist mit Jörg durch die ganze Wohnung gekrabbelt, hat mit ihm gespielt und sagte mir dann, dass mit Jörg etwas nicht stimme, er aber nicht sagen könne, was genau ihm fehle. Er empfahl mir, Jörg bei einem Tübinger Spezialisten für Entwicklungsstörungen vorzustellen. Dieser Professor hat dann bei Jörg die Diagnose eines Williams-Beuren-Syndroms gestellt und mir erklärt, was das bedeutet.
Das war anfangs sehr hart. Vor allen Dingen hatte ich weiter niemanden, den ich zum Williams-Beuren-Syndrom hätte fragen können. Professor M. hatte mir zwar einiges zum Krankheitsbild erzählt, etwa dass das Williams-Beuren-Syndrom vor 40 Jahren erstmals beschrieben worden sei, und dass Kinder mit dem Krankheitsbild eine einseitige Begabung haben und ein typisches Gesicht, auch dass es auffällig freundliche und fröhliche Kinder sind, was ich nur bestätigen kann.

»
Es war aber am Anfang nicht ganz einfach. Am Ende war Jörg der Sonnenschein im Kindergarten.
«

Dennoch habe ich mich mit der Diagnose oft allein gefühlt. Jörg kam mir nie direkt geistig behindert vor. Man kann ihn eigentlich nirgends richtig einstufen. Er war ein ruhiges Kind, ist spät gelaufen und hat spät gesprochen. Er war erst mit drei sauber, was aber heute ja nicht ungewöhnlich ist.

Hat Jörg bereits vor der Einschulung eine Einrichtung, zum Beispiel einen Kindergarten, besucht?

Er gehörte für mich nicht in einen Kindergarten für geistig Behinderte, aber wo gehörte er dann hin? Jörg war schließlich in einem ganz normalen Kindergarten. Das hat gut funktioniert. Ich hatte mit der Erzieherin geredet, ihr geschildert, wie Jörg ist. Sie sagte dann, ach, das probieren wir aus, sie sei dafür offen. Es war aber am Anfang nicht ganz einfach. Am Ende war Jörg der Sonnenschein im Kindergarten. Die Kindergärtnerinnen haben ihn bemuttert, als wäre er ihr Kind. Er hat dort auch richtig sprechen gelernt. Er hatte es zuvor von mir nicht so angenommen, wie nachher von den Kindern im Kindergarten. Ein anderer Junge, der Stefan, das werde ich nie vergessen, hat immer gesagt: Frau W., ich hab Jörg heute das und das beigebracht. Der Jörg kann das jetzt auch. Er wurde auch ständig zu Geburtstagen eingeladen.

Sie haben sich, als die Entscheidung zur Einschulung anstand, für eine anthroposophische Einrichtung entschieden, obwohl es für Jörg bedeute, dass er nicht mehr zuhause wohnen konnte. Wie kam es dazu?

Als die Kindergartenzeit vorbei war, hing ich zunächst ein bisschen in der Luft. Ich habe Jörg dann erst noch in einem Sprachheilkindergarten in Sindelfingen angemeldet, um ihn in der Sprache noch mehr zu festigen. Im gleichen Jahr habe ich dann die Zusage der anthroposophischen heilpädagogischen Schule in Eckwälden bekommen. Ich hatte durch verschiedene

Therapien wie zum Beispiel Heileurhythmie, aber auch durch eine Freundin, deren Kinder eine Waldorfschule besuchten, Kontakte zu anthroposophischen Einrichtungen gefunden. Natürlich hatte ich mir auch staatliche Einrichtungen angesehen, die mich aber nicht überzeugt haben. Letztlich hat Jörg für zehn Jahre die Schule in Eckwälden besucht. Er hat dort schreiben, lesen und rechnen gelernt. Jörg konnte viele Gedichte auswendig und hat bei Theaterspielen mitgemacht. Er hat alle Rollen und auch die Texte der anderen Mitspieler im Kopf gehabt. Jörg hat auch viele Liedertexte auswendig gesungen, überhaupt ist er sehr musikalisch. Es fällt ihm nicht schwer, eine Melodie aus dem Kopf zu singen. Mein jüngerer Sohn hat mal gesagt hat: Mama, das könnte ich gar nicht.

Jörg ist mit acht Jahren nach Eckwälden gekommen. Für mich, für uns und für Jörg war das zunächst ziemlich hart. Aber wir haben es durchgestanden. Zum Abschluss sagte seine Lehrerin mir: Frau W., bitte gucken Sie, dass der Jörg nach der Schule wieder in eine anthroposophische Einrichtung kommt. Er würde seelisch verkümmern, wenn er in eine staatliche Einrichtung geht. Er kam dann zuerst nach Heidenheim, in eine kleine Einrichtung mit 18 Betreuten. Dort war er vier Wochen, sie hätten Jörg so gerne genommen, aber es war zu wenig Platz. Dann durfte Jörg in der Laufenmühle ein Praktikum machen und glücklicherweise ergab sich die Möglichkeit, dass er hier weiter leben und arbeiten konnte. Seitdem ist Jörg jetzt hier und er fühlt sich wohl.

Gibt es Momente, in denen Sie den Eindruck haben, dass Jörg sich hier nicht wohl fühlt?

Gut, er hat auch mal Tage, an denen er sagt, dass er so gerne bei mir zuhause bleiben möchte, weil es da so schön sei. Dann erkläre ich ihm, dass ich arbeiten gehen muss, und dass es dann bei mir auch nicht immer so schön ist wie in den Urlaubstagen oder an den Wochenenden, an denen er zu Besuch ist.

»

Ich wollte Jörg in einer Einrichtung unterbringen, von der ich wusste, dass er da gut aufgehoben sein würde, wenn ich oder sein Papa einmal nicht mehr da sein werden.

«

Ich erkläre ihm, er müsse ein bisschen arbeiten, ich müsse arbeiten, und wenn er Ferien hat, dann können wir wieder verreisen oder etwas miteinander machen. Das akzeptiert er dann.

Und wenn wir nach einem Wochenende wieder hierher fahren, dann sind wir kaum hier und Jörg ist weg. Dann ist er wieder hier daheim. Das war auch ein wichtiger Hintergedanke von mir: Ich wollte Jörg in einer Einrichtung unterbringen, von der ich wusste, dass er da gut aufgehoben sein würde, wenn ich oder sein Papa einmal nicht mehr da sein werden.

Wie steht Jörgs Bruder zu ihm?

Jörgs Bruder ist vier Jahre jünger und verheiratet. Natürlich sagt er, dass er immer für Jörg da sein wird, auch seine Frau sagt das. Aber die beiden haben selbst zwei Kinder, bald kommt das Dritte und da kann und möchte ich ihnen doch nicht noch Jörg aufhalsen. Das war vor 50 Jahren vielleicht so, aber das macht man heute nicht mehr.

Ich finde das auch Jörg gegenüber nicht gerecht. Er hat hier in der Laufenmühle seine Lebensmitte gefunden er hat seinen Freundeskreis, sein Umfeld, indem er sich wohl fühlt. Er wäre in der Familie seines Bruders immer, ich will nicht sagen, wie das fünfte Rad am Wagen, aber es wäre nicht seins. Umgekehrt ist er dieser Einrichtung so sehr verbunden. Er liebt das Chorsingen und das Theaterspielen, das hier ist seine Welt.

Was ganz, ganz, ganz arg schön ist, dass Jörg überall beliebt ist. Ich kann mit ihm hinkommen, wo ich will. Dann heißt es immer, auch im Freundeskreis, »aber wenn wir wandern gehen, dann nimmst du Jörg wieder mit«. Beim Wandern singt er, und dann singen wir alle mit.

Hatten Sie Befürchtung, dass die Erkrankung von Jörg sich bei weiteren Kindern wiederholen könnte?

Natürlich habe ich bei den jährlichen Untersuchungen in Tübingen die Ärzte gefragt, was Jörgs Erkrankung für seinen Bruder bedeutet, vor allem auch, wenn dieser später mal Kinder haben wollte. Damals war die Ursache für die Erkrankung ja noch gar nicht klar. Aber die Ärzte sagten mir, dass Jörgs Erkrankung seinen Bruder Alexander nicht betreffe.

Dennoch war ich in Sorge, als die Frau von Jörgs Bruder schwanger war. Und als das Kind geboren war, habe ich es anfangs genau beobachtet. Ich habe aber schon an seinem Blick und an allem bemerkt, dass es ein ganz gesundes Kind ist.

Immer wieder habe ich mich auch gefragt, ob ich in der Schwangerschaft mit Jörg etwas falsch gemacht hatte, ob es bei der Geburt ein Problem gegeben hatte, ob im ersten Lebensjahr vielleicht etwas passiert war, das seine Erkrankung verursacht haben könnte. So fragte ich mich tatsächlich, ob er vielleicht eine Vitamin D-Überdosis erhalten haben

könnte ich dann die Behinderung von Jörg annehmen, ohne immer wieder nach der Ursache zu fragen und mir selbst sagen, dass es eben einfach so ist. Eine Betreuerin in der Gruppe sagte immer zu uns Müttern, dass unsere Kinder schon einmal als hoch intelligente Menschen auf der Erde gewesen seien und sie nun zurückgekommen seien um sich zu erholen, und dass sie sich ihre Eltern ganz genau ausgesucht hätten. Komischerweise hat einen das immer so beruhigt. Dann hab ich mir gesagt, es ist eben so. Ich gebe meinem Jörg das Beste und hadere nicht mehr mit meinem Schicksal. Die Frage nach dem Warum stellte ich mir irgendwann nicht mehr.

» *Auch im Kindergarten kam immer öfter ein behindertes Kind mit hinein. Die Erzieherinnen haben gesagt, dass Jörg für die anderen Kinder eine Bereicherung war.* «

Sie konnten akzeptieren, dass es einfach so war, die Behinderung Ihres Sohnes irgendwann annehmen?

Ja, dass muss man auch. Aber es ist ein Lernprozess und ich war halt noch sehr jung. Zwar gab es damals viele Frauen, die mit 20 schon ein Kind hatten, aber alle meine Freundinnen, die mit mir schwanger waren, hatten gesunde Kinder.

könnte, aber nein, er hatte ganz normal Vitamin D-Tabletten bekommen, wie jedes andere Kind auch. Immer wieder die Frage: Warum? Ich hatte doch alles richtig gemacht. Die Frage nach dem Warum hat mich nicht losgelassen. Dann irgendwann, als Jörg in Eckwälden war, konnte ich mich auch mit anderen Müttern unterhalten, die zwar kein Kind mit Williams-Beuren-Syndrom hatten, deren Kinder aber andere Behinderungen aufwiesen. Irgendwann

Aber wie gesagt, das ist jetzt alles vorbei. Das haben wir gemeistert und im Nachhinein sage ich, hat es mir sehr viel gebracht. Ich habe zu Vielem eine ganz andere Einstellung bekommen. Ich habe zu vielen Menschen, die eigene Krankheiten haben, einen anderen Zugang. Ich frage mich nicht, was ist denn mit dem? Sondern nein, es ist für mich ein ganz normaler Mensch. Er sieht ein bisschen anders aus, aber ich hab gar keine Berührungsängste.

Ihre Erfahrungen mit Ihrem Sohn haben also in Ihnen einiges bewegt?

Natürlich. Absolut. Das muss sein, weil man es sonst nicht schafft.

Würden Sie sagen, Sie sind sensibler, achtsamer geworden?

Schon, und ich bin schneller reifer geworden. Ich war mit 20 wirklich ins Leben reingestellt. Und fragen Sie nicht, als ich beim zweiten Kind schwanger war, welche Ängste ich durchlebt habe.

Hatten Sie Angst, dass sich die Erkrankung von Jörg bei einem zweiten Kind wiederholen könnte?

Anfangs ja, aber ich wollte auf jeden Fall ein zweites Kind. Während der Schwangerschaft mit meinem zweiten Sohn hatte ich eine Untersuchung an der Schilddrüse, bei der Radiopharmaka eingesetzt wurden. Zwei Wochen nach dieser Untersuchung hatte sich herausgestellt, dass ich schwanger bin. Da bin ich fast durchgedreht. Ich habe mich dann beraten lassen von Jörgs Tübinger Arzt, der auch die Diagnose bei ihm gestellt hat.

Glauben Sie, dass Jörg glücklich ist?

Ja, ich glaube schon. Und was ich auch so schön finde ist, dass meine Enkel, der Darius mit vier und die Finja mit zwei, immer nach ihrem Onkel Jörg fragen.

Wie sind Jörg und sein Bruder, der ja jünger ist, als Kinder miteinander ausgekommen?

Jörg hat Alexander akzeptiert, ich kann mich nicht erinnern, dass er ihn je irgendwie abgelehnt hätte. Einmal, da waren sie aber schon älter, hat Jörg beim Mittagessen gesungen oder ein Gedicht aufgesagt. Da hat Alexander gesagt, dass er das aber besser könne. Da hat Jörg eine Gabel genommen und hat sie nach ihm geworfen. Aber ansonsten waren sie eigentlich nie eifersüchtig aufeinander. Im Gegenteil. Alexander hat sehr frühzeitig eine Art Beschützerrolle übernommen. Als sie einmal in der zweiten Klasse gefragt wurden, ob sie Geschwister hätten, hat Alexander geantwortet, dass er noch einen Bruder habe und dass dieser behindert sei. Das hat er mir dann zuhause erzählt. Dann hab ich ihm gesagt, das finde ich aber schön. Auch Alexanders Klassenkameraden waren von Jörg angetan.
Früher hat man Kinder mit Behinderungen ja gerne versteckt. Ich weiß von einem Mädchen, das mit Jörg konfirmiert worden ist, also das gleiche Alter hatte, sie hatte das Down-Syndrom und wurde von der Mutter nicht angenommen. Wenn die Mutter mal mit dem Kind spazieren ist, ist sie immer nur im Wald spazieren gegangen. Das konnte ich damals nicht begreifen. Ich habe auch damals schon gedacht, dass jedes Kind ein Recht zu leben hat

und dass es nicht recht ist zu sagen, das möchte ich jetzt nicht. Auch im Kindergarten kam immer öfter ein behindertes Kind mit hinein. Die Erzieherinnen haben gesagt, dass Jörg für die anderen Kinder eine Bereicherung war.

Hat es wohl für Ihren Sohn Alexander und seinen eigenen Kinderwunsch zu irgendeinem Zeitpunkt eine Rolle gespielt, ob sich das Schicksal mit Jörg wiederholen könnte?

Ich habe zu Alexander gesagt, dass laut der medizinischen Experten von ihm gar nichts ausgehen könne. Ein Wiederholungsrisiko bestehe nur für Jörg, wenn er Kinder bekommen würde. Als Alexanders Frau schwanger war, hat sie bei der Untersuchung gesagt, dass ihr Schwager das William-Beuren-Syndrom hat. Da wusste kein Arzt, was das ist. Sie hat es dann kurz erklärt. Die Ärzte haben ihr dann wiederholt gesagt, dass für ihre Kinder kein erhöhtes Risiko bestehe.
Alexander hat mir aber auch gesagt, sie würden beide das Kind, das sie bekommen, so annehmen werden, wie es ist. Auch meine Schwiegertochter hat das gesagt. Es war wohl nie so, dass ein Kinderwunsch grundsätzlich in Frage gestellt wurde, weil Jörg das Williams-Beuren-Syndrom hat.

Wenn Sie heute schwanger wären und in der Schwangerschaft erfahren würden, dass Ihr Kind ein WBS haben wird, käme für Sie aus der Erfahrung, die Sie mit Jörg gemacht haben, ein Schwangerschaftsabbruch in Frage?

Heute, wo ich reifer bin, würde ich sagen: Nein, ich lasse das alles auf mich zukommen. Wenn mir aber gesagt würde, ihr Kind ist schwerst-behindert und wird kaum Überlebenschancen haben, dann wüsste ich nicht, wie ich mich entscheiden würde. Aber das ist eine schwere Frage, und ich merke, dass ich sie kaum im Vorhinein beantworten kann, denn letztendlich ist es doch mein Kind, das ich unter dem Herzen trage.

Auch habe ich persönlich schon die Erfahrung einer Fehldiagnose im Bekanntenkreis gemacht. So wurde einer Bekannten gesagt, dass ihr Kind behindert sei. Die Mutter hat sich aber für die Geburt des Kindes und gegen einen Schwangerschaftsabbruch entschieden. Und das Kind war gesund. Ich glaube, auch aus diesem Grund hätte ich persönlich Angst mich für einen Schwangerschaftsabbruch zu entscheiden. Ich würde damit wohl nicht fertig werden, ein Kind zu töten. Mit diesem Gedanken zu leben, wäre nicht einfach.

Wie sehen Sie Ihr Leben mit Jörg heute?

Ich kann mich über Jörg überhaupt nicht beklagen. In keiner Weise. Er wird zwar nie alleine leben können, aber er hat eine gute Selbständigkeit und ich kann mit Jörg überall hin. Es ist nicht so, dass ich dies oder jenes nicht machen kann. Von daher geht es mir gut.

Gab es zwischen Ihnen und Jörgs Vater Konflikte in Bezug auf Ihren Sohn?

Wir haben das gemeinsam gemacht. Er hat das Kind über alles geliebt. Auch die Oma übrigens. Nur als es um die Schule ging, gab es zunächst unterschiedliche Ansichten. Der Besuch einer anthroposophischen Einrichtung ging damals nur verbunden mit dem Besuch eines Internats. Das hat zu Konflikten geführt, da er Jörg nicht weggeben wollte. Er wollte ihn in unserer Nähe lassen, wollte ihn in eine Einrichtung für geistig Behinderte geben. Für ihn war die Hauptsache, dass er weiterhin bei uns zuhause lebte. Er wäre dann abends wieder daheim gewesen, was ja im Internat nicht der Fall gewesen ist. Er meinte, ich wollte mein Kind los werden. Diese Vorwürfe musste ich über mich ergehen lassen.

Irgendwann ging unsere Ehe auseinander. Aber wir sind so auseinander gegangen, dass wir, nicht gleich im ersten Jahr, aber dann im zweiten und dritten Jahr, wieder am gleichen Strang gezogen haben. Er hat dann gesehen, dass Jörg in der Schule in Eckwälden sehr gut aufgehoben ist. Nachher, als er sah, wie gut sich Jörg entwickelte, welche Fortschritte er machte, konnte er die Entscheidung mittragen. Bei uns zuhause hätte Jörg diese Fortschritte nicht machen können.

Gut, dann bedanke ich mich für das Gespräch.

DOMENIK

Bei Domenik wurde mit drei Jahren ein Fragiles-X-Syndrom diagnostiziert, eine erbliche kognitive Behinderung, die unterschiedlich stark ausgeprägt sein kann. Für seine Eltern hatte die Diagnose bei aller Dramatik auch ihre gute Seite. Mit der Gewissheit über seine Beeinträchtigung konnten schnell entsprechende Therapien eingeleitet werden. Ein Gespräch über Domeniks Entwicklungsweg, den Wert, sich mit anderen Betroffenen austauschen zu können, und den Irrglauben, ein Leben mit Behinderung müsse weniger Glück bedeuten.

Barbara Oehl-Jaschkowitz:
Ihr Sohn Domenik hat das Fragile X-Syndrom. Wie alt war er, als Sie von dieser Diagnose erfahren haben? Und war diese erbliche Behinderung in Ihrer Familie schon einmal aufgetreten?

Frau A.:
Domenik war zum Zeitpunkt der Diagnose drei Jahre alt. Drei Cousins von mir haben ebenfalls das Fragile X-Syndrom, das heißt, es war uns schon vorher bekannt. Aber dennoch hat man das irgendwo verdrängt.

Auch noch über den Diagnosezeitpunkt hinaus?

Frau A. : Nein, nur solange wir im Ungewissen waren. Als die Entwicklungsverzögerungen bei ihm sichtbar wurden, sagte meine Tante zu mir, dass dies sicher über den Großvater vererbt worden sei. Ich wollte das zuerst nicht hören. Aber dann hat sich der Verdacht, Domenik könnte behindert sein, bestätigt.

Was hat das bei Ihnen ausgelöst?

Frau A: Zunächst hat es mir natürlich den Boden unter den Füßen weggerissen. Aber zugleich hatten wir damit endlich Gewissheit und man konnte mit der Förderung beginnen. Das war die gute Seite der Diagnose.

Hatte Domenik zu diesem Zeitpunkt schon eine Förderung erhalten?

Frau A.: Ja, mit Ergotherapie hatten wir schon angefangen.

Sie haben noch weitere Kinder?

Frau A.: Einen zweiten, jüngeren Sohn, Daniel. Zum Zeitpunkt seiner Geburt wussten wir aber noch nichts Genaues über Domeniks Erkrankung.

Viele betroffene Eltern entscheiden sich bei weiteren Kindern für eine vorgeburtliche Untersuchung. Wie sind Sie vorgegangen?

Frau A.: Hätten wir über das Fragile X schon Bescheid gewusst, so hätten wir wahrscheinlich auch eine Untersuchung durchführen

> »
> *Domenik hat sehr schöne und auch einige schwierige Seiten. Aber man kann sehr gut mit ihm leben.*
> «

lassen. Gleichzeitig wäre für mich eine Abtreibung aber nicht in Frage gekommen.

Es gibt Menschen, die sich in solchen Situationen für einen Schwangerschaftsabbruch entscheiden. Was hätte Sie davon abgehalten?

Frau A.: Domenik hat sehr schöne und auch einige schwierige Seiten. Aber man kann sehr gut mit ihm leben.

Herr A.: In meinen Augen wäre das so etwas wie Mord!

Gibt es religiöse Beweggründe oder würden Sie sagen, das ist Ihr moralisches Empfinden?

Herr A.: Es ist unsere persönliche Haltung. Wir sind eigentlich schon religiös, aber es ist vor allem eine innere Überzeugung, an der wir uns orientieren.

Frau A.: Ich habe in einer gynäkologischen Praxis gearbeitet und konnte dort sehr früh im Ultraschall den Herzschlag bei einem Fötus sehen. Ein Abbruch wäre für mich auch von daher nie in Frage gekommen.

Gibt es Momente, die Sie mit Domenik als besonders schön erleben? Oder können Sie Seiten an ihm beschreiben, die Sie selbst weitergebracht haben?

Frau A.: Domenik ist ein sehr feinfühliger Mensch. Er merkt unmittelbar, wenn etwas nicht in Ordnung ist oder es jemandem nicht gut geht. Er hat gute Charaktereigenschaften, so ist er zum Beispiel sehr hilfsbereit, er kann vorausschauend arbeiten, er ist lustig und manchmal schlagfertig, sehr zuvorkommend. Auch schaut er gute Verhaltensweisen gerne von Leuten ab, zum Beispiel hat er in der Autostadt Wolfsburg im Hotel die Kellner und Angestellten genau beobachtet und dann ihre zuvorkommenden Redensarten kopiert: »Sehr gerne der Herr«, »Darf es noch etwas sein?«.

Herr A.: Große Glücksmomente waren auch immer, wenn er etwas erlernt hatte und es dann, was vorher niemand erwartet hatte, beherrschte — Skifahren, Fahrradfahren, Schwimmen. Es hat alles immer ein bisschen länger gedauert, aber inzwischen beherrscht er all das relativ gut.

War Ihnen bekannt, dass das Fragile X-Syndrom in der Familie vorkommt? Oder wussten Sie nur viel allgemeiner von einer ‚Behinderung‘?

Frau A.: Nein, das Fragile X-Syndrom war uns tatsächlich durch meine Cousins schon bekannt.

Wie alt sind Ihre Cousins?

Frau A.: Der Älteste ist 50 und leider an Krebs erkrankt. Der Mittlere hatte ebenfalls Krebs und ist mit 38 Jahren verstorben und der Jüngste ist inzwischen Ende 30.

Wenn Sie sich die Entwicklung dieser drei Männer vergegenwärtigen und sie mit der Entwicklung von Domenik heute vergleichen: Fallen Ihnen da Unterschiede auf?

Frau A.: Auf jeden Fall. Die Fördermöglichkeiten sind heute ganz andere als damals. Domenik kann sich beispielsweise sozial gut integrieren, die anderen ziehen sich eher zurück. Er bewegt sich ganz selbstbewusst unter anderen Leuten und ist sehr gut eingebunden. Bei den anderen war oder ist das so nicht der Fall.

Wie ist es mit der Sprache, gibt es auch da wesentliche Fortschritte?

Frau A.: Ja, auch das ist ganz deutlich. Domenik hat Logopädie-Förderung erhalten, die anderen meines Wissens nicht.

Gab oder gibt es Situationen, wo Sie sich mit der Diagnose oder den Hürden in Domeniks Leben hilflos gefühlt haben?

»

Nein, wir haben eigentlich keine Einschränkungen. Wenn, dann sind es Kleinigkeiten – dass er im Schuhgeschäft manchmal Schuhe durch die Gegend wirft, beispielsweise. Aber nichts Gravierendes.

«

Herr A.: Mir fällt dazu vor allem das Schulproblem ein, die Bürokratie mit der Schule. Anfangs wurde er ein Jahr zurückgestellt und kam in den Schulkindergarten mit Integrationsausrichtung. Das hat aber nicht gut funktioniert, »Integration« bedeutete hier, das fünfte Rad am Wagen zu sein. Der dortige Schulkindergarten-Alltag hat ihn völlig überfordert, so dass er sehr unausgeglichen wurde. Dann sind wir auf die Körperbehinderten-Schule an der Uni in Homburg aufmerksam geworden, die uns auch gleich zugesagt hat.

Frau A.: Und das Schöne war, dass die dortige Direktorin sofort etwas mit dem fragilen X-Syndrom anfangen konnte — eine Seltenheit! Dazu kam, dass Domenik für eine Schule für geistig behinderte Menschen eigentlich zu stark gewesen wäre. Insofern waren wir heilfroh, als wir diese Schule kennenlernten.

Würden Sie sagen, Domeniks Behinderung schränkt Sie in Ihrem Leben ein?

Herr A.: Nein, wir haben eigentlich keine Einschränkungen. Wenn, dann sind es Kleinigkeiten — dass er im Schuhgeschäft manchmal Schuhe durch die Gegend wirft, beispielsweise. Aber nichts Gravierendes. Dann gehen wir beim nächsten Schuhkauf eben in ein anderes Geschäft.

Frau A.: Manche Leute merken schon, dass er irgendwie anders ist oder zum Beispiel undeutlich spricht. Aber die meisten Menschen können damit umgehen.

Das finde ich ganz wichtig, dass Sie das so sagen. Gibt es in diesem Zusammenhang Momente oder Situationen, die Sie sehr bewegt oder sehr berührt haben? Positive oder auch negative Dinge?

Frau A.: Einmal beim Einkaufen hat sich ein Mädchen über seine großen Ohren lustig gemacht und immer wieder »Dumbo« gerufen. Da war ich schon sauer. Bevor er eingeschult wurde, haben wir ihm die Ohren auch operieren lassen. Auf seine »Neuen« ist er jetzt ganz stolz.

Wir hatten bereits das Thema »Therapie« kurz angesprochen. Ergotherapie hatte Domenik bereits vor der Diagnose. Welche weiteren Therapien sind dann dazugekommen?

Frau A.: Er bekam zunächst außerdem Logopädie und er erhält bis heute craniosakrale Therapie. Die wirkt sehr beruhigend auf ihn.

Befindet er sich sonst in einem Unruhezustand?

Frau A.: Ich denke, es ist vor allem Angst vor neuen Situationen, Fremdem, Ungewissem.

Wie äußert sie sich?

Frau A.: Er wirft sich auf den Boden, er schreit, wirft mit Schuhen und verbiegt die Brille… wir sind ständiger Kunde beim Optiker!

Kommen wir zu einer anderen Frage. Wie stellen Sie sich Domeniks Zukunft vor?

Frau A.: Ich gehe auf jeden Fall davon aus, dass er einen Beruf erlernen kann. Vielleicht klappt es mit einer Einrichtung der »Lebenshilfe« und er kann dort mit Tieren arbeiten. Das macht er sehr gerne! Ein bisschen Eigenständigkeit wäre schön, vielleicht eine eigene Wohnung. Aber wo und wie genau er leben wird, dazu haben wir uns noch keine Gedanken gemacht. Da muss man abwarten.

Sie überblicken inzwischen einen weiten Entwicklungsweg, den Domenik gegangen ist, und strahlen für mich auch eine große Gelassenheit aus. Was würden Sie mit

Ihrem Erfahrungshintergrund Eltern mitgeben, die gerade von der Behinderung ihres Kindes erfahren haben?

Frau A.: Wichtig finde ich, dass sie sich auf jeden Fall Interessensgemeinschaften anschließen. Mir hat es enorm viel gebracht, mich mit Eltern, deren Kinder ebenfalls diese Diagnose gestellt bekommen haben, auszutauschen. So bekommt man einen Blick dafür,

»

Große Glücksmomente waren auch immer, wenn er etwas erlernt hatte und es dann, was vorher niemand erwartet hatte, beherrschte: Skifahren, Fahrradfahren, Schwimmen. Es hat alles immer ein bisschen länger gedauert, aber inzwischen beherrscht er all das relativ gut.

«

wie sich diese Kinder trotzdem gut entwickeln können, welche Schule sie etwa besuchen können. Ich habe einen schönen Satz aus dieser Zeit in Erinnerung: »Besondere Kinder brauchen besondere Eltern« — das ist wirklich so. 2009 war unser Sohn beispielsweise in Braunschweig beim therapeutischen Reiten. Diese Initiative der Interessengemeinschaft war

nicht nur für Dominik ganz toll, weil er dort viele andere betroffene Kinder kennen gelernt hat, sondern auch für uns.

Herr A.: Speziell bei Kindern mit fragilem X-Syndrom empfehle ich auch einen Logopäden, der sich auf diese Behinderung spezialisiert hat. Gerade, weil man sich mit der Materie nie befasst hat, bekommt man dort sehr wertvolle Tipps und Hinweise.

Frau A.: Ich kann ganz grundsätzlich jedem Mut machen, der von einer solchen Diagnose erfährt. Es ist anfangs natürlich schwierig, aber es gibt auch so viele wunderbare Momente, in denen einem das Kind so viel gibt. Man kann getrost zu seinem Kind stehen und einfach den Weg gehen, der zu gehen ist.

Sie sprachen eben von besonders schönen Momenten. Könnten Sie spontan ein Beispiel geben?

Frau A.: Ein solcher Moment war beispielsweise, als Domenik am ersten Schultag nach Hause gekommen ist und »Mama« schreiben konnte. Da standen mir wirklich die Tränen in den Augen. Er ist oft so ein liebenswerter Kerl…

Und für Sie, Herr A.? Fällt Ihnen spontan eine Situation dazu ein, die Sie besonders bewegt hat?

Herr A.: Immer wenn er etwas macht, bei dem man anfangs vielleicht nicht so genau weiß, ob das funktionieren wird und dann funktioniert es — das finde ich ganz toll. Er steht anderen

bei manchen Dingen wirklich in nichts zurück. Oft ist mehr möglich, als man denkt!

Frau A.: Wir lassen ihn deshalb auch vieles einfach versuchen. Im Voraus zu sagen: »Mein Kind kann das nicht« — das führt zu nichts. Er bemerkt schon selbst, wie weit er gehen kann. In diesem Sinne wollen wir ihm weder etwas verbieten, noch ihn zu etwas drängen. Solange er etwas freiwillig angeht oder wir ihn spielerisch an etwas heranführen, ist es gut.

Wie viele Freunde hat Domenik?

Frau A.: In seiner Klasse hat er Sascha, Jonas, der etwas weiter weg wohnt, Maxi und Moritz.

Sind das Kinder mit Behinderungen oder Einschränkungen, oder teilweise auch gesunde Kinder?

Frau A.: Es sind zwei gesunde Kinder dabei.

Sie haben mir vorab erzählt, er habe sich verliebt. Erzählt er Ihnen so etwas?

Frau A.: Ja, er hat tagelang zu Hause nur noch von Lisa erzählt. Lisa, Lisa, Lisa… Sie ist Praktikantin an seiner Schule. So ging es den ganzen Tag darum, was er mit Lisa gemacht habe, dass sie als Vertretung in den Unterricht gekommen sei, dass sie ihm vorgelesen habe und so weiter.

Würden Sie sagen, dass Domenik glücklich ist?

Herr A.: Auf jeden Fall.

Das heißt, er leidet nicht unter seiner Einschränkung?

Herr A.: Nein. In keiner Weise.

Das halte ich für eine sehr wichtige Aussage. Oft wird etwa bei Schwangerschaftsabbrüchen angeführt, dass man dem Kind das lebenslange Leiden ersparen möchte, aber wenn man betroffene Eltern befragt, sieht die Wirklichkeit oft nicht so aus.

Herr A.: Ganz und gar nicht!

Frau A.: Man merkt es manchmal etwa beim Rechnen, dass er Schwierigkeiten hat. Er strengt sich dann enorm an, aber es gelingt ihm nicht so gut. Damit weiß er dann nicht so recht umzugehen.

Herr A.: Ich würde aber trotzdem behaupten, dass Domenik glücklicher ist als manches andere, »normale« Kind, das mittags alleine zu Hause ist und nur noch vor der Playstation sitzt. Ihm fehlt es eigentlich an nichts, und das merkt man ganz deutlich.

Ich danke Ihnen beiden herzlich für dieses Gespräch.

THOMAS
im Gespräch mit Dieter Einhäuser

Dieter Einhäuser ist Geschäftsführer der Christopherus Lebens- und Arbeitsgemeinschaft Laufenmühle, einer anthroposophischen Einrichtung, in der 95 Menschen mit Behinderungen leben. Persönliche Berührungspunkte mit einer genetisch bedingten Erkrankung hatte er erstmals bei seinem Sohn. Die intensive Auseinandersetzung mit dessen genetisch bedingter Krebskrankheit brachte ihn in engeren Kontakt mit der Anthroposophie und bewog den Kaufmann schließlich, eine sozialtherapeutische Ausbildung zu machen.

2007 realisierte Einhäuser in der Laufenmühle das Erfahrungsfeld der Sinne Eins+Alles, das zahlreiche Stationen zur experimentellen Auseinandersetzung mit der eigenen Sinneswahrnehmung bietet. Auch rund 20 Menschen mit Behinderungen arbeiten hier — verteilt auf mehrere Bereiche — in der Betreuung der Besucher und gestalten auf diese Weise Teilhabe.

Einer von ihnen ist Thomas, der das Down-Syndrom hat. Er ist vor acht Jahren in die Laufenmühle eingezogen und arbeitet heute teils in der Wäscherei, teils an der Kasse im Erfahrungsfeld. Thomas ist Experte in Geschichte und Literatur, engagiert sich im Heimbeirat für die Belange des Einrichtungslebens und repräsentiert auch gerne die Laufenmühle, wenn wieder einmal das Fernsehen oder die Presse da ist.

Ein Einblick in eine Einrichtung, die erfolgreich neue Wege in der Behindertenarbeit beschritten hat und ein Gespräch über Inklusion »by the way«, erfolgreiche Elternarbeit und den therapeutischen Wert rhythmischer Lebensgestaltung.

Barbara Oehl Jaschkowitz:
Sie haben beruflich viel mit Menschen zu tun,
bei denen aufgrund einer Chromosomenano-
malie eine Behinderung vorliegt. Sind Sie
davon abgesehen bereits mit genetischen
Erkrankungen in Berührung gekommen?

Dieter Einhäuser:
Ja. Mein Sohn ist mit einem beidseitigen Reti-
noblastom — einer Tumorerkrankung in der
Netzhaut des Auges — auf die Welt gekommen.
Als es entdeckt wurde, war er zweieinhalb Monate alt. Ein Auge musste sofort entfernt werden, beim zweiten Auge war die Frage, ob man
es entfernt oder riskiert, das Auge drin zu lassen. Es bestand die Gefahr, dass der Tumor
sich trotz Bestrahlung bis ins Gehirn entwickelt — mit tödlichen Folgen. An uns als Eltern
war also eine Frage gestellt, die wir eigentlich
nicht richtig beantworten konnten. Das war
meine erste Berührung mit dem Thema.

Haben Sie sich mit der Beantwortung der
Frage überfordert gefühlt?

Ich denke, diese Frage wird in einer anderen
Instanz entschieden, nicht durch die Eltern.
Gleichzeitig sind wir aber natürlich mit der
Erkrankung umgegangen und haben uns letztlich auch dafür entschieden, das Auge drin zu
lassen. Eine Hilfe war uns die Beratung durch
verschiedene anthroposophische Ärzte mit einem erweiterten Blick auf die Krankheit. Wir
wollten ein bisschen tiefer verstehen, was dieser Krebs eigentlich macht, wie er funktioniert.
Ein Element war, dass wir damals unsere Aufgabe als Eltern und als pädagogische Begleiter
so verstanden hatten, das Kind einfach für die

Welt interessieren zu müssen. Wir haben dann
einen VW-Bus gekauft, sind sehr viel in die
Natur gefahren und glauben auch heute noch,
dass das neben den ganzen medizinischen
Dingen erheblich zur Heilung beigetragen hat.
Es war uns wichtig, das Kind mit so viel Liebe
wie möglich zu begleiten, gerade in der Zeit
der Bestrahlungen, wo man ihn jeden zweiten
Tag in Narkose legen musste — ein kleines
Kind hält ja nicht still.

Können Sie sich an bestimmte Punkte in
Ihrem Entscheidungsprozess erinnern? Gab es
markante Situationen oder den entscheiden-
den Moment, ab dem Sie wussten: Wir
entscheiden uns gegen die Entfernung des
zweiten Auges?

Sowohl meine Frau als auch ich haben damals
das Gespräch mit Freunden gesucht, die uns aus
einer gewissen Distanz heraus, aber trotzdem
mit einer Zugewandtheit beraten konnten. Ein
guter Freund hatte mir gesagt:»Überlege einmal:
Ein blindes Leben, wie fühlt sich das an? Oder
ein sehendes Leben, die Chance, das Augenlicht
vielleicht dauerhaft zu erhalten?« Für mich kris-
tallisierte sich dabei das Sehen als eine Qualität
heraus, die ich als sehr hoch bewertete. Und einen anderen Bekannten — er war mit einer Ärztin verheiratet und selbst Mathematiker — hatte
ich einmal gefragt, wie er die Krankheit aus anthroposophischer Sicht bewerte. Er konnte die
Frage natürlich nicht ohne weiteres beantworten,
aber empfahl mir, ganz stark auf meine innere
Stimme zu hören. Irgendwann war es dann ganz
deutlich, dass wir das Augenlicht erhalten wollten und auch eine sichere Empfindung dabei
hatten, dass es gut gehen wird.

Wir haben später noch zwei Kinder bekommen, obwohl wir wussten, dass das Risiko auch bei ihnen gegeben sein konnte. Aber da hatten wir uns einfach entschieden: Wenn es noch einmal passiert, werden wir das durchtragen. Und dann passierte es auch nicht. Der junge Mann ist heute übrigens 28, hat Ethnologie studiert, ist ein brillanter Geiger und hat immer noch ein sehendes Auge.

»

Wir haben später noch zwei Kinder bekommen, obwohl wir wussten, dass das Risiko auch bei ihnen gegeben sein konnte. Aber da hatten wir uns einfach entschieden: Wenn es noch einmal passiert, werden wir das durchtragen.

«

Kommen wir zu Thomas, über den wir heute auch sprechen wollten. Er hat ein Down-Syndrom. Wie lange lebt er schon in dieser Einrichtung?

Thomas ist jetzt seit acht Jahren hier. Davor war er in einer anthroposophischen Kindereinrichtung, in der es auch eine kleine Erwachsenengruppe mit fünf Personen gab. Als diese Gruppe von den Behörden aufgelöst wurde, haben wir diese fünf Menschen übernommen.

Wie alt war Thomas damals ungefähr?

Mitte 30.

Wissen Sie, wie lange Thomas insgesamt in Einrichtungen gelebt hat oder welche Zeit er bei seinen Eltern verbracht hat?

Thomas stammt aus einer anthroposophischen Familie. Besonders sein Vater, der relativ früh gestorben ist, hat Thomas nachhaltig beeindruckt. Noch heute erzählt er oft, wie sein Vater ein Buch geschrieben habe. Und die Mutter war Pianistin. Thomas ist also in einem ganz bestimmten Kulturkreis aufgewachsen. Wenn man ihn jetzt erlebt, merkt man das auch. Er kennt sich in vielen Dingen aus, ist in der Lage, Elemente aus Goethes Faust zu rezitieren und kann ganze Vorträge über Thomas von Aquin halten. In gewisser Weise gehört Thomas zum Bildungsbürgertum, weil er ganz konsequent von seinen Eltern überall hin mitgenommen wurde. Auf Konzerten, Vorträgen — überall war er dabei. Er gehörte mit dazu und wurde auch sehr ernst genommen.
Heute ist es nicht mehr so ganz einfach mit ihm. Als er gekommen ist, war das Leben noch viel leichtgängiger für ihn und er konnte sich auch besser an früher erinnern. Aber man merkt, dass er einfach eine große Seele hat.

So, wie ich es jetzt verstehe, hat Thomas sehr davon profitiert, lange im Umfeld seines elterlichen Zuhauses integriert gewesen zu sein.

Das ist so, mit Sicherheit.

Nicht bei jedem, der zunächst zuhause bleibt, kann auch eine solche Förderung — etwa mit Konzertbesuchen — erfolgen. Insofern kann man es nicht unbedingt verallgemeinern, dass eine lange Zeit zuhause immer gut ist. Aber ihm hat das sicherlich geholfen. Hat Thomas Geschwister?

Nein, Thomas ist ein Einzelkind.
Das ist möglicherweise auch ein Grund für

»

Grundsätzlich empfehlen wir aber ab einem bestimmten Alter den Umzug zu uns, damit diese Menschen noch die Chance haben, sich an die neuen Lebensumstände zu gewöhnen.

«

seine besondere Förderung. Thomas hat hier in der Gemeinschaft ein bisschen eine herausragende Stellung.

Ich durfte ihn bereits kennenlernen. Die Geschichte über Thomas von Aquin hat er mir schon erzählt. Er hat mir aber auch etwas anderes erzählt, was ich ganz spannend finde. Er sagte, er sei im Heimbeirat aktiv. Wie genau sieht das aus?

Unser Heimbeirat besteht aus fünf behinderten Menschen und er kümmert sich um die

Bedürfnislage der Bewohner; was sie gerne für Veränderungen hätten, was sie gerne einbringen möchten oder was sie vielleicht anschaffen wollen. Das sind Themen, um die sich der Heimbeirat sorgt und auch zweimal im Jahr die gesamte Gemeinschaft zusammenruft. Dann gibt es eine von unseren Mitarbeitern begleitete Diskussion, in der die Bedürfnisse formuliert werden. Und zusätzlich gibt es eine regelmäßige Besprechung zwischen dem Heimbeirat und mir als Geschäftsführer.
Wir nehmen das auch sehr ernst. Klar, vieles kann man nicht realisieren. Aber im Großen und Ganzen lernen sie immer mehr, ihre Bedürfnislage zu formulieren. Und das finde ich sehr schön. Neben dem Heimbeirat haben wir auch einen Werkstatt-Rat, bei dem es eben nicht um die Wohnfragen, sondern mehr um die Arbeit geht. Einige engagieren sich aber in beiden Räten.

Lassen Sie mich in diesem Zusammenhang noch einmal genauer auf das Krankheitsbild eingehen. Thomas hat das Down-Syndrom. Obwohl ich jetzt erst einen Tag hier bin, konnte ich feststellen, dass Menschen mit Down-Syndrom oft sehr agile Menschen sind, die auch bestimmte Funktionen übernehmen können. Sie erscheinen mir hier als die Lebhaftesten und — auch äußerlich erkennbar — die am meisten Beteiligten. Konkret gefragt: Sind im Heimbeirat und im Werkstattbeirat überwiegend Bewohner mit Down-Syndrom aktiv oder mischt es sich?

Es mischt sich schon, wobei in beiden Räten von fünf Personen jeweils zwei Menschen mit Down-Syndrom dabei sind. Sie haben einfach die Möglichkeit, sich artikulieren zu können. Es gibt einen großen Anteil von Menschen bei uns, die das nicht können, die entweder gar nicht sprechen oder einen Gedanken nicht zum Ziel führen können. Sie bekommen dann zwar Hilfestellung, aber Menschen mit Down-Syndrom können viele Dinge leichter ausformulieren.

Wobei Thomas — um noch einmal auf ihn zu blicken — ein sehr eigenwilliger Mensch ist. Er nimmt im Moment an einer Art Psychotherapie teil und sagt dort beispielsweise, er sei Heimleiter. Da merkt man schon, dass die Dinge manchmal sehr durcheinandergehen und seine Rolle so auch eine andere Färbung bekommt. Das ist schon erstaunlich.

Wissen Sie, mit welchem Alter er vollständig ins Heim gezogen ist oder wie lange er bei seiner Mutter war?

Meines Wissens ist er mit sieben Jahren in Eckwälden am Fuße der Schwäbischen Alb eingeschult worden. Die Mutter lebte ebenfalls in diesem Ort, so dass er abends nach Hause gehen konnte. Als Thomas im Jugendalter war, starb die Mutter und er wechselte ganz ins Heim. Seine Eltern waren auch nicht mehr ganz jung, als er geboren wurde — das ist bei Menschen mit Down-Syndrom ja öfter der Fall. Heute hat er einen gesetzlichen Betreuer, der nur ein loses Verhältnis zu ihm pflegt. Insofern lebt er eigentlich, wenn man so will, schon seit vielen Jahren als Vollwaise.

Leben eigentlich alle betreuten Menschen auch hier in der Einrichtung, oder gibt es manche, die nur tagsüber kommen?

Normalerweise ist diese Einrichtung immer als Komplexeinrichtung geführt worden, mit Wohngruppen, Werkstätten sowie Förder- und Betreuungsbereich. Seit einigen Jahren sind aber auch drei Externe da. Wir möchten

> »
> *Es kann ein ganz neues Beziehungsgeflecht mit Freundschaften und Nachbarschaften innerhalb und zwischen Wohngruppen entstehen.*
> «

damit auf das Bedürfnis eingehen, dass manche Eltern einfach noch nicht bereit sind, ihr Kind ganz loszulassen. Grundsätzlich empfehlen wir aber ab einem bestimmten Alter den Umzug zu uns, damit diese Menschen noch die Chance haben, sich an die neuen Lebensumstände zu gewöhnen. Es passiert immer wieder, dass behinderte Menschen kommen, die 40 Jahre oder älter sind und es unglaublich schwer haben, sich in neue Verhältnisse einzuleben. Der Alterungsprozess, insbesondere bei Menschen mit Down-Syndrom, macht sich eben relativ früh bemerkbar. Je früher sie die Chance bekommen, sich an neue Lebensumstände gewöhnen zu können, umso leichter haben sie es.

Aus meinen eigenen Erfahrungen mit Bekannten, die behinderte Kinder haben, würde ich sagen, dass es sehr schwer fällt, die Kinder loszulassen — bei schwerer Beeinträchtigung vielleicht etwas weniger, weil es natürlich auch mit einer starken Entlastung der Familie einhergeht. Aber in Fällen, wo ein gutes gemeinsames Zusammenleben möglich ist, weil Basisdinge wie Schlafen, Essen und Trinken, möglicherweise sogar das Arbeiten gut funktionieren, scheint es ungleich schwerer, seine Kinder gehen zu lassen. Was würden Sie sagen: Ergibt es Sinn, zu einem bestimmten Zeitpunkt die häusliche Gemeinschaft zu verlassen und ein neues Zuhause zu finden?

Im Hinblick auf den betroffenen Menschen würde ich sagen: Im Prinzip kann das — wie bei jedem anderen auch — mehr oder weniger im Anschluss an die Schule erfolgen, wenn andere etwa das Abitur machen und zum Studium in eine fremde Stadt gehen. Auch für einen behinderten Menschen, denke ich, ist das ein geeigneter Zeitpunkt, sich eine eigene Existenz aufzubauen. In diesem Alter steht einfach ein neuer Entwicklungsschritt an. Wenn ich aber auf den Kontext blicke, die Beziehungsgefüge, die Eltern, dann kann sich das auch anders gestalten. Wichtig ist, die besondere Situation der Elternhäuser immer im Blick zu behalten. Sie sind jahrzehntelang durch Schmerzen gegangen, mussten akzeptieren, dass ein behindertes Kind da ist,

mussten es immer schützen, immer kämpfen, immer die Kostenträger überzeugen, weil sie irgendwelche Hilfsmittel brauchten — das macht diese Menschen besonders, in jeder Beziehung. Es ist im Übrigen klar, dass die Versorgung, die wir hier leisten, niemals eine solche Versorgung sein kann, wie sie Eltern selber leisten. Die Menschen leben hier zu acht oder zu neunt in einer Wohngruppe zusammen. Der Einzelne bekommt da sicher nicht mehr die gleiche Zuwendung, wie in seinem Elternhaus. Andererseits sind die Möglichkeiten hier um ein Vielfaches höher, an vielen verschiedenen Ereignissen teilzuhaben. Es kann ein ganz

neues Beziehungsgeflecht mit Freundschaften und Nachbarschaften innerhalb und zwischen Wohngruppen entstehen. Und bei Gemeinschaftsveranstaltungen kommen 95 Menschen zusammen. Das hat eine hohe Lebendigkeit.

Lassen Sie uns einmal genauer auf die Struktur der Einrichtung blicken. Ich habe heute Morgen den Morgenkreis miterlebt, den ich sehr spannend fand — es kam dort ein großes Gemeinschaftsgefühl zum Ausdruck und die Betreuten schienen sehr gerne dorthin zu kommen. Was schließt sich an diesen Morgenkreis an, wie sind die Tagesabläufe strukturiert?

Wir beginnen nach diesem Morgenlied mit der Arbeit, die bis mittags um 12:15 Uhr geht. Daran schließt sich das Mittagessen in den einzelnen Wohngruppen und eine Mittagspause bis 14:00 Uhr an. Am Nachmittag gehen die Menschen noch einmal bis 16:10 Uhr in ihre Werkstätten.
Auf den Morgenkreis legen wir großen Wert. Er hilft den Menschen, den Tag wirklich zu strukturieren. Hier wird klar: Mit diesem Ereignis hört die Freizeit auf und fängt die Arbeit an. Wir versuchen grundsätzlich, stark mit Rhythmen zu arbeiten. So wird beispielsweise die Arbeitswoche für jemanden, der das gedanklich nicht durchdringen kann, erkennbar. Ein Tag, an dem wir zum Morgenlied zusammenkommen, ist ein Arbeitstag. Samstag und Sonntag gibt es kein Morgenlied. Es ist Wochenende.
Mit solchen Ereignissen gelingt es, sich in der Zeit zu orientieren. Intellektuell ist Zeit für viele Menschen mit Behinderung oft nicht zu durchdringen. Sie brauchen dazu ein Erlebnis. Über das Erlebnis bekommen sie eine Struktur und verstehen diese auch durch die Wiederholung.

Wie organisieren Sie das Essen?

Wir haben eine zentrale Küche, die für uns kocht. Mittags holt pro Wohngruppe einer der betreuten Menschen mit einem Wagen das Essen aus der Küche ab. Auch die Mahlzeiten binden wir in einen bestimmten Rhythmus ein und beten vor dem Essen. Diese äußeren Ereignisse zur Orientierung machen immer

wieder klar: Jetzt kommt dieser Schritt und dann kommt jener Schritt. Das verschafft einfach die Sicherheit, sich in der Welt zurecht zu finden. Ebenfalls ein rhythmisch wiederkehrendes Angebot ist jeden Sonntag ein Gottesdienst. Und dann haben wir ganz viele kulturelle Veranstaltungen, zu denen auch Leute von außen kommen — insbesondere, seitdem wir das Erfahrungsfeld der Sinne aufgebaut haben.

»
Wie in allen Arbeitsbereichen im Erfahrungsfeld tritt auch hier der behinderte Mensch als der Kompetente auf und erklärt, wie man Kaffee röstet. Man merkt dann: Er ist Kaffeeröster. Das ist sein Beruf und er kann darüber sprechen.
«

Hinter diesem Eins+Alles-Erfahrungsfeld der Sinne versteckt sich ja ein einzigartiges Projekt. Worum handelt es sich genau und wie ist es zur Erfahrungsfeld-Idee gekommen?

Ursprünglich war die Laufenmühle eine Kindereinrichtung. Da war unser Standort hier, mitten im Schwäbischen Wald in einer intakten Natur, natürlich ideal. Aber mittlerweile sind wir eine reine Erwachseneneinrichtung und da stimmt dieser Aspekt allein nicht mehr. Es musste etwas passieren, um mehr Teilhabe und gesellschaftliche Partizipation für unsere betreuten Menschen zu ermöglichen. In diesem Zusammenhang war das Erfahrungsfeld ein ganz wichtiger Entwicklungsschritt. Mit dem Erfahrungsfeld verzeichnen wir im Moment jährlich 60.000 Besucher. Das macht einen Riesenspaß, auf allen Ebenen!

Es sind ganz wunderbare Arbeitsplätze für unsere behinderten Menschen entstanden. Im Service unseres Restaurants, in der Betreuung und Pflege von verschiedenen Sinnesstationen, die Arbeit mit Tieren, Lamas, Ziegen, Eseln, Schafen, Hühnern…

»

Wir wollen niemandem etwas erklären, sondern wir wollen eigentlich die Menschen ins Staunen versetzen.

«

Dann haben wir eine Kaffeerösterei, die sehr attraktiv ist, einerseits als Arbeitsplatz, andererseits auch für die Besucher. Wie in allen Arbeitsbereichen im Erfahrungsfeld tritt auch hier der behinderte Mensch als der Kompetente auf und erklärt, wie man Kaffee röstet. Man merkt dann: Er ist Kaffeeröster. Das ist sein Beruf und er kann darüber sprechen. Der Besucher hingegen weiß über das Röstverfahren zunächst meist nichts und muss sich das erklären lassen. Oder in unserem Dunkelrestaurant, wo auch ab und zu

Blinde beschäftigt sind: Im Dunkeln sind sie einfach die Kompetenteren und die Sehenden die Inkompetenten.

Mit solchen Arbeitsplätzen gelingt es uns, Teilhabe und wirkliche Begegnung zwischen Menschen zu ermöglichen. Es ist faszinierend, wie bei vielen Besuchern, die nicht einmal wissen, dass wir primär eine Behinderteneinrichtung sind, in Begegnungen mit behinderten Menschen richtige Glücksmomente entstehen — und umgekehrt natürlich gleichermaßen. Insofern ist uns Inklusion mit diesem Modell ein Stück weit wirklich gelungen. Wo vielerorts gerungen wird und viele Einrichtungen sich in der Praxis richtig schwer tun, passiert bei uns Inklusion praktisch »by the way«. Das ist ein Segen.

Ein tolles Konzept! Gibt es das im deutschsprachigen Raum häufiger?

Im Zusammenhang mit behinderten Menschen gibt es das, soweit ich weiß, in ganz Europa kein zweites Mal. Erfahrungsfelder gibt es mehrere. In Wiesbaden das Schloss Freudenberg, in Nürnberg, in Ulm und in der Schweiz bei Bern eines — das sind eigentlich die vier Großen. Aber die Einbindung in die Sozialarbeit kenne ich nur von uns.

Das bringt mich zu einem anderen Punkt, den ich gerne ansprechen würde: die Finanzierung der Einrichtung. Sie hatten beispielsweise den hohen Personalaufwand schon angesprochen. Wie trägt sich das System?

Wir bekommen pro betreuten Menschen einen Pflegesatz, der zwischen den Kostenträgern

verhandelt wird. Inzwischen sind das durch die Regionalisierung zumindest in Baden-Württemberg die Kreise, die das zu bezahlen haben. Da verhandelt man dann eine bestimmte Summe, die sich an einer Hilfebedarfsgruppe orientiert.

In der Tagesstruktur gibt es drei Klassifizierungen. Das eine ist der Berufsbildungsbereich für Berufsanfänger, die von der Schule kommen. Dann gibt es den Werkstattbereich und schließlich die Förder- und Betreuungsbereiche, die sehr viel personalintensiver sind, da hier oft schwerstbehinderte Menschen arbeiten. Aus diesen verschiedenen Pflegesätzen setzt sich die Finanzierung der Einrichtung zusammen. Das Erfahrungsfeld ist dagegen frei finanziert — mit einem Darlehen über 2,5 Mio. Euro. Anfangs war es natürlich schwierig, eine Bank zu finden, die einem glaubt, dass man den Return hinbekommt. Und es war auch hier intern gegenüber der Elternschaft nicht so ganz einfach darzustellen. Es gab neben der Befürchtung, dass es mit der Ruhe jetzt vorbei sei, dass alle Intimität verloren gehe, auch ökonomische Bedenken. Aber schließlich haben wir mit der GLS-Bank ein Kreditinstitut gefunden, das sich von unserem Business-Plan überzeugen ließ. Die anfängliche Planung konnten wir nach kurzer Zeit toppen und damit ist die Kostendeckung erreicht — ab jetzt verdienen wir das, was wir in Zukunft investieren wollen.

Zum einen besteht die Erfahrung der Besucher darin, Menschen mit Behinderung in diesem Kontext ganz neu begegnen zu können. Ich glaube, das können sehr erhellende Momente sein. Zum anderen lädt das Erfahrungsfeld mit seinen vielen Stationen förmlich dazu ein,

sich selbst neu wahrzunehmen. Man wird spielerisch mit Dingen konfrontiert, die einem eine ganz andere Sichtweise eröffnen. Jeder Mensch lebt in seinem privaten Lebensumfeld ja auch irgendwie eingeschränkt. Besonders wenn man arbeiten geht, kann die Perspektive immer enger und enger werden: Man hat eingefahrene Abläufe, man hat auch eingefahrene Empfindungen oder Erlebnisse.

Damit treffen Sie den Nagel auf den Kopf. Wenn man sich das tägliche Leben ansieht, merkt man, dass für echte Sinneserfahrung wenig Raum bleibt. Die entscheidende Frage ist: Muss es so sein? Wir haben hier eine Station, die ist im Grunde lächerlich — den »Barfußpfad«. Man bräuchte eigentlich gar keinen Barfußpfad. Wozu auch? Um die Schuhe auszuziehen und dann barfuß zu laufen? Das könnte man an jedem Ort tun. Der Punkt ist nur: Es tut niemand. Niemand würde auf die Idee kommen, wenn er einen Spaziergang macht, die Schuhe auszuziehen. Dabei täte es so gut. An unserem Barfußpfad steht ein Schild: »Schuhe aus, Socken aus und staunen!« Dann machen das die Leute — vielleicht zum ersten Mal seit ihrer Kindheit —, weil man sie dazu aufgerufen hat. Was passiert? Sie kommen zu einem Erlebnis. Sie merken, dass es eben nicht selbstverständlich ist, immer die Füße in Schuhe einzusperren, dass es eine ganz andere Erlebnisqualität ist, wenn man barfuß läuft. Es ist bekannt, dass sich im Grunde alle Organe des Menschen im Fuß noch einmal abbilden. Deshalb versucht man ja auch zum Beispiel über bestimmte Fußmassagen auf die Organe einzuwirken. Man muss sich klar machen, dass die Sinneserfahrung an Organe gekoppelt ist und sich die Organe anhand differenzierter Erfahrungen ausbilden. Da wird einem die Dimension von Sinneserfahrungen erst voll bewusst. Wir haben alle Stationen außerdem so aufbereitet, dass die Wahrnehmung immer mit dem Staunen in Verbindung steht. Wir wollen niemandem etwas erklären, sondern wir wollen eigentlich die Menschen ins Staunen versetzen.

Das kann ich bestätigen, genau so ist es — man ist erstaunt! Auch auf unser Gesprächsthema ergibt sich damit ein neuer Blick. Behinderung meint ja Einschränkung. Bei einer Sprachbehinderung kann ich mich dem anderen nicht in üblicher Form mitteilen und muss also andere Wege finden. Bei angeborenen Behinderungen hat das sicher viel mit therapeutischen Interventionen zu tun. Aber es gibt auch Behinderungen oder Einschränkungen, die wir uns selbst auferlegen im täglichen Leben. Vielleicht nehmen wir sie gar nicht so wahr, weil wir so eingebunden sind im Alltag. Aber hier im Erfahrungsfeld haben wir die Chance, das aufzubrechen. Ich persönlich empfinde es daher als Ort, wo sich angeborene Behinderungen und durch den Alltag auferlegte Einschränkungen treffen. Wir erleben hier auch die Einschränkungen, die wir uns selber geschaffen haben, unter denen wir leiden, weil wir sie sonst oft nicht sehen, nicht spüren, gegenüber denen wir taub geworden sind. Natürlich müssen wir alle arbeiten gehen und sind abends müde. Wir können das nicht ändern, genauso wenig wie einer, der eine angeborene Behinderung hat, diese ändern kann. Aber es gibt Punkte, wo man sich treffen kann und wo man reflektiert. Das finde ich eine ganz tolle Erfahrung.

Genau so ist es auch gemeint!

Dieter Einhäuser

Wichtige Fachbegriffe

AV-Kanal-Defekt

Atrio-Ventrikulärer Septumdefekt — kombinierte, in der Regel operationsbedürftige, angeborene Fehlbildung des Herzens, die gekennzeichnet ist durch einen Defekt der Herzklappen und der Herzscheidewand zwischen Vorhöfen und Hauptkammern mit der Folge einer offenen Verbindung zwischen allen vier Herzhöhlen. Der AV-Kanal stellt einen häufigen Herzfehler beim Down-Syndrom dar.

Down-Syndrom

Das Down-Syndrom ist das häufigste genetisch determinierte Krankheitsbild, das mit einer Beeinträchtigung der geistigen Fähigkeiten, kleiner Körpergröße, zum Teil angeborenen Fehlbildungen und typischen Gesichtszügen einhergeht.

Es wird verursacht durch ein überzähliges Chromosom 21. Menschen mit einem unauffälligen Chromosomensatz weisen als Frauen den Chromosomensatz 46,XX und als Männer den Chromosomensatz 46,XY auf. Dabei liegen jedes der mit 1-22 durchnummerierten Chromosomen sowie die Geschlechtschromosomen doppelt vor.

Menschen mit Down-Syndrom weisen hingegen drei Chromosomen 21 auf. Das überzählige Chromosom 21 kann dabei, wie in den meisten Fällen, in freier Form vorliegen, oder es ist fest an ein anderes Chromosom gebunden. Auf den klinischen Erscheinungstyp hat dies keine Auswirkung.

Es bestehen aber bei Vorliegen einer familiären Translokation, das heißt einer von einem Elternteil ererbten »Verklebung« zwischen einem Chromosom 21 und einem weiteren Chromosom (z.B. Chromosom 14) erhöhte Wiederholungsrisiken.

Symptome des Down-Syndroms können neben der immer, wenngleich in variabler Ausprägungsform, vorliegenden intellektuellen Beeinträchtigung, zu etwa 50 Prozent angeborene Herzfehler, aber auch Fehlanlagen des Zwölffingerdarms und seltener Fehlbildungen im Bereich des Gehirns, der Nieren oder anderer Organsysteme sowie Schwerhörigkeit, Katarakt,

Kurzsichtigkeit, Schilddrüsenfunktionsstörungen sein. Eine Hypotonie, das heißt ein niedriger Muskeltonus, des Säuglings- und Kleinkindalters kann Trinkstörungen, motorische Entwicklungsverzögerungen und funktionelle Störungen des Skelettsystems zur Folge haben.

Operative Korrekturen gegebenenfalls vorliegender Herzfehler oder anderer Fehlbildungen sowie der Einsatz von Frühförderung, Krankengymnastik, Ergotherapie, Logopädie und anderen gezielten Therapieformen hat die Prognose in den letzten Jahren deutlich gebessert. Viele Menschen mit Down-Syndrom lernen heute lesen und schreiben und können zumindest im 10er-Raum rechnen. Im Erwachsenenalter wird eine der vorliegenden Einschränkung angemessene weitgehend selbstständige Lebensführung angestrebt wie Leben und Arbeiten in betreuten Einrichtungen. Auch eine Unterbringung auf dem ersten Arbeitsmarkt gelingt in einigen Fällen.

Ductus Arteriosus Botalli

Der Ductus arteriosus Botalli stellt beim ungeborenen Kind eine physiologische Verbindung zwischen Aorta (Hauptschlagader) und Truncus Pulmonalis (Lungengefäßstamm) dar. Nach Geburt verschließt sich der Ductus arteriosius Botalli innerhalb weniger Tage, da die Versorgung des kindlichen Blutes mit Sauerstoff nun nicht mehr über die Placenta (Mutterkuchen), sondern über die Lungen des Kindes erfolgt.

Ein fehlender Verschluss des Ductus arteriosus Botalli nach der Geburt bewirkt, je nach Ausmaß, einen so genannten Links-Rechts-Shunt, also einen Kurzschluss zwischen arteriellem Blutkreislauf und venösem Kreislauf mit der Folge einer linksventrikulären Volumenbelastung (Überlastung des kindlichen linken Herzens) und einer erhöhten Volumenbelastung des Lungenkreislaufs, die unter anderem zu einer Herzinsuffizienz führen.

Der persistierende Ductus arteriosus Botalli tritt häufiger bei frühgeborenen Kindern und auch kombiniert mit anderen Herzfehlern auf. Wenn ein medikamentöser Verschluss nicht möglich ist, erfolgt in der Regel eine operative Korrektur zur Vermeidung von Folgeschäden der Fehlbelastung des kindlichen Herzens und des Lungenkreislaufs.

Fragiles X-Syndrom

Das Fragile X-Syndrom (Martin-Bell-Syndrom) stellt neben den Chromosomenanomalien die häufigste genetische Ursache für eine geistige Behinderung dar. Es ist gekennzeichnet durch eine Beeinträchtigung der intellektuellen Fähigkeiten. Einige Betroffene entwickeln zusätzlich autistische Züge oder einen Autismus, manche eine Epilepsie. Ein großer Kopfumfang und in einigen Fällen auch früher als typisch bezeichnete große Ohren können auftreten. Das Krankheitsbild geht in der Regel nicht mit angeborenen Fehlbildungen einher.

Es wird verursacht durch den Funktionsverlust des FMR1- (fragiles X-mentale Retardierung)-Gens, das auf den langen Arm des X-Chromosoms lokalisiert ist. Während Frauen zwei X-Chromosomen als Geschlechtschromosomen aufweisen, tragen Männer als Geschlechtschromosomen ein X und ein Y-Chromosom. Das Y-Chromosom ist deutlich kleiner und trägt überwiegend Gene zur Entwicklung des männlichen Geschlechts. Das führt dazu, dass Männer von den meisten der auf dem X-Chromosom gelagerten Gene nur eine einzige Genkopie besitzen.

Während Frauen über ihr zweites X-Chromosom bei einigen Krankheitsbildern einen vorliegenden Defekt auf dem anderen X-Chromosom ausgleichen können, sind Männer darauf angewiesen, dass alle Gene auf ihrem X-Chromosom intakt sind. Das trifft auch für das FMR1-Gen zu, wobei auch etwa die Hälfte der Mädchen mit einem Defekt des FMR-1-Gens Symptome des fragilen X-Syndroms in unterschiedlichem Schweregrad aufweisen.

Der Vererbungsmodus dieses Krankheitsbildes ist jedoch deutlich komplexer als bei anderen X-chromosomal erblichen Krankheitsbildern, da eine Weitergabe einer so genannten Prämutation über nicht betroffene Männer an ihre ebenfalls gesunden Töchter möglich ist, aber diese anschließend das Krankheitsbild an die nächste Generation vererben können.

Bei der so genannten Prämutation handelt es sich um einen, in einem definierten Bereich vergrößerten CGG-Repeat (wiederholte Abfolge einer Nukleinsäuresequenz CGG) in einem bestimmten Abschnitt (nicht translatierte Region des ersten Exons) des FMR-1-Gens. Bis zu einer Größe von 199 Repeats führt diese Vergrößerung in der Regel noch nicht zur Ausprägung des fragilen X-Syndroms, da das Genprodukt weiterhin gebildet wird. (Die Prämutation kann aber im Alter zu dem Krankheitsbild FXTAS führen, das einer Parkinson-Erkrankung ähnlich ist.) Der vergrößerte Repeat hat jedoch die Eigenschaft, in aufeinander folgenden Generationen an Größe zuzunehmen (Antizipation). Ab einer Größe von 200 Repeats kommt es zu einem vollständigen Funktionsverlust des Gens. Das Genprodukt wird nicht mehr produziert. Dieser Funktionsverlust führt letztlich zu den Symptomen des Fragilen X-Syndroms.

Während alle Jungen mit einer Vollmutation die Symptome eines Fragilen X-Syndroms ausprägen, werden nur etwa 50 Prozent der Mädchen, die Trägerin einer Vollmutation sind, Symptome des Fragilen X-Syndroms in allerdings unterschiedlicher Schwere ausprägen. Dieses liegt daran, dass Mädchen Defekte zumindest teilweise und abhängig von weiteren Faktoren wie beispielsweise dem X-Inaktivierungsmuster über ihr zweites X-Chromosom ausgleichen können.

Auch beim fragilen X-Syndrom profitieren die Betroffenen vom rechtzeitigen Einsatz therapeutischer Interventionen wie beispielsweise Frühförderung, Logopädie oder Ergotherapie. Bei Auftreten spezifischer Symptome sind gezielte Therapien notwendig. Die rechtzeitige Kenntnis der Diagnose ermöglicht darüber hinaus den gezielten Einsatz von Vorsorgeuntersuchungen.

Fruchtwasseruntersuchung / Invasive Pränataldiagnostik

Die Fruchtwasseruntersuchung (Amniozentese) stellt die häufigste Form der invasiven Pränataldiagnostik dar. Dabei wird bei der Fruchtwasseruntersuchung nach örtlicher Betäubung unter Ultraschallüberwachung über eine Punktion mittels einer Punktionsnadel durch die Bauchdecke etwa 10-20 ml Fruchtwasser entnommen.

Die Untersuchung wird in der Regel ab der 15. bis 16. Schwangerschaftswoche durchgeführt. Das Fruchtwasser enthält kindliche Zellen, die im Labor in einer Zellkultur vermehrt werden, um den kindlichen Chromosomensatz darzustellen. Je nach Zellanzahl und Wachstumsgeschwindigkeit erhält man das Ergebnis der Chromosomenanalyse in der Regel in acht bis 15 Tagen.

Auch andere genetische Defekte können mit dieser Untersuchung erfasst werden, allerdings handelt es sich in den weitaus meisten Fällen dann um eine gezielte genetische Analyse auf Vorliegen einer in der Familie bereits bekannten Erkrankung, die in der Regel auch die Kenntnis des zugrunde liegenden genetischen Defektes bereits vor Beginn der pränatalen Untersuchung voraussetzt.

Weiterhin erhält man über die Bestimmung des AFP (Alpha-1-Fetoprotein) einen Hinweis auf das mögliche Vorliegen eines so genannten offenen Rückens (Spina bifida). Die Mutterkuchenpunktion (Chorionzottenbiopsie) stellt eine weitere Form der invasiven Pränataldiagnostik dar. Sie hat den Vorteil, dass die Punktion schon zu einem früheren Zeitpunkt der Schwangerschaft erfolgen kann (9. bis 12. SSW). Sie geht aber mit einem etwas höheren Risiko für eine Störung der Schwangerschaft von etwa 1 bis 1,5 Prozent einher als die Fruchtwasseruntersuchung (0,5 bis 1 Prozent).

Die Fruchtwasseruntersuchung stellt in der Regel eine diagnostische Maßnahme dar.

Mütterliche Indikation

Mütterliche Indikation beschreibt ganz allgemein den Umstand, dass eine Untersuchung oder ein Eingriff in Hinblick auf das Wohl beziehungsweise die Gesundheit der Mutter hin erfolgt.

Nackenfaltenmessung / Nackentransparenz

Der Begriff Nackentransparenz bezeichnet eine Flüssigkeitsansammlung zwischen der Haut und dem Weichteilgewebe im Nackenbereich eines ungeborenen Babys. Diese Flüssigkeitsansammlung, auch Ödem genannt, tritt im Zeitraum zwischen der 11. und 14. Schwangerschaftswoche auf und ist bis zu einem gewissen Ausmaß physiologisch und dann ohne Krankheitsrelevanz.

Sie bildet sich im Verlauf der weiteren Entwicklung wieder zurück. Fällt im Rahmen der Ultraschalluntersuchung eine erhöhte Nackentransparenz auf, so kann dies als Hinweis auf Vorliegen einer kindlichen Chromosomenanomalie oder anderer, zum Teil seltener, genetisch determinierter Krankheitsbilder sein.

Neuropädiatrie

Die Neuropädiatrie ist eine spezialisierte Fachrichtung der Kinderheilkunde, die sich mit der Ursache und Behandlung neurologischer Krankheitsbilder im Kindesalter und psychomotorischer Entwicklungsstörungen befasst.

Plazentainsuffizienz

Als Plazentainsuffizienz wird eine mangelnde Funktion des Mutterkuchens bezeichnet. Man unterscheidet zwischen der akuten, zum Teil lebensbedrohlichen Insuffizienz und der chronischen Insuffizienz, die ebenfalls Ursache einer kindlichen Fehlentwicklung sein kann. Dabei können die Ursachen für eine Plazentainsuffizienz vielfältig sein.

Rubinstein-Taybi-Syndrom

Das Rubinstein-Taybi-Syndrom bezeichnet ein genetisch determiniertes Krankheitsbild, das in seiner vollen Ausprägung mit Kleinwuchs, einem zu kleinen Kopfumfang (Mikrozephalie), einer geistigen Beeinträchtigung, bestimmten Gesichtszügen und in einigen Fällen angeborenem Herzfehler einhergeht. Nicht selten finden sich Daumen und Großzehen dicker.

Das Rubinstein-Taybi-Syndrom ist genetisch heterogen. Das bedeutet, es wird durch Mutationen in unterschiedlichen Genen verursacht. Bei etwa der Hälfte der Patienten findet sich eine Mutation im CRBBP-Gen, im EP300-Gen oder eine Mikrodeletion (Bruchstückverlust) der Bande p13.3 auf dem kurzen Arm eines Chromosoms 16., die das CRBBP-Gen umfasst.

In der überwiegenden Mehrzahl handelt es sich um so genannte dominante Spontanmutationen. Dies bedeutet, dass die krankheitsverursachende genetische Veränderung zufällig in der einen Ei- oder Samenzelle entstanden ist, die zur Befruchtung gelangt ist. Entsprechend ist eine Familiarität selten, kann aber im Hinblick auf ein nie sicher auszuschließendes Keimzellmosaik (ein nicht bestimmbarer Prozentsatz der elterlichen Keimzellen enthält die Mutation) nicht gänzlich ausgeschlossen werden. Betroffene haben allerdings ein Wiederholungsrisiko von 50 Prozent, die genetische Veränderung an eigene Kinder zu vererben.

In der klinischen Ausprägung fällt häufig eine Variabilität auf, was bedeutet, dass nicht jeder, der eine Mutation in einem der krankheitsrelevanten Gene hat, Symptome in gleicher Weise und Schwere ausprägen wird.

Syndaktylie

Die Syndaktylie beschreibt den Umstand, dass zwei oder mehr Finger oder Zehen häutig, seltener auch knöchern, miteinander verwachsen sind. Sie kann mild aber auch schwerer ausgeprägt sein.

Taktil-kinästhetische Wahrnehmungsstörungen

Bei einer taktil-kinästhetischen Wahrnehmungsstörung können Betroffene Gegenstände durch Tasten, Berühren und Greifen nicht sicher erkennen oder zuordnen. Auch Mund- und die Zungenmotorik können betroffen sein, so dass beispielsweise die Artikulation aufgrund einer verminderten Sensibilität des Mundraums gestört ist.

Die Ursache liegt in einer falschen Verarbeitung taktiler beziehungsweise kinästhetischer Reize im zentralen Nervensystem.

Trisomie 13

Bei der Trisomie 13 liegen (analog zur Trisomie 21) anstatt zwei Chromosomen 13 drei Chromosomen 13 in jedem Zellkern vor. Das überzählige Chromosom 13 führt in den meisten Fällen bereits im ersten Schwangerschaftsdrittel zu einer Fehlgeburt, aber auch späte Fehlgeburten können die Folge sein.

Seltener werden Kinder mit einer Trisomie 13 geboren, die dann das so genannte Pätau-Syndrom aufweisen. Es handelt sich hierbei um ein weitaus schwereres Krankheitsbild als die Trisomie 21, die zum Down-Syndrom führt. Kinder mit einem Pätau-Syndrom sind in der Regel nicht dauerhaft lebensfähig, sie weisen immer eine schwerste geistige Behinderung, oft schwerwiegende Fehlbildungen des Gehirns, des Herzens, des Gesichtes und auch anderer Organsysteme auf.

Trisomie 21
Siehe Down-Syndrom

Vojta-Gymnastik
Die Vojta-Therapie ist eine physiotherapeutische Behandlungsmethode bei Störungen des zentralen Nervensystems und des Haltungs- und Bewegungsapparates. Sie wurde von dem tschechischen Neurologen und Kinderneurologen Václav Vojta in den 1960er Jahren entwickelt. Die Vojta-Therapie kann als Basistherapie im Bereich Physiotherapie bei praktisch jeder Bewegungsstörung und zahlreichen Erkrankungen eingesetzt werden. Häufig findet sie Anwendung bei der Behandlung von Säuglingen und Kleinkindern.

Williams-Beuren-Syndrom
Als Williams-Beuren-Syndrom wird ein genetisch determiniertes Krankheitsbild bezeichnet, das mit einer Intelligenzminderung unterschiedlichen Schweregrades, typischen Gesichtszügen, einer Bindegewebsschwäche und

nicht selten einem angeborenen Herzfehler einhergeht.
Gefäßverengungen sind nicht selten und können zu Bluthochdruck und anderen Komplikationen führen. Nierenfehlbildungen, Störungen des Kalziumstoffwechsels und Sehstörungen können seltener zusätzlich vorliegen. Oft finden sich ein Kleinwuchs und ein kleiner Kopfumfang, gelegentlich Fehlanlagen der Zähne. Typisch für das Williams-Beuren-Syndrom ist ein freundliches und lebhaftes Wesen, ein gutes Personen- und Ortsgedächtnis sowie Musikalität.
Das Krankheitsbild wird verursacht durch einen sehr kleinen Bruchstückverlust (Mikrodeletion) im chromosomalen Bereich 7q11.23 unter Einschluss des Elastin-Gens. In den allermeisten Fällen handelt es sich um eine sporadisch auftretende Erkrankung infolge einer neu entstandenen Mikrodeletion 7q11.23, ohne dass die Eltern hierfür Anlageträger sind. Der Verlauf der Erkrankung ist unter anderem abhängig von der Schwere der begleitenden Gefäßerkrankungen und Herzfehlbildung.

Internetadressen/ wichtige Selbsthilfegruppen

www.genetik-saar.de
Gemeinschaftspraxis für Humangenetik
Dr. med. Barbara Oehl-Jaschkowitz
Dr. med. Thomas Martin
Dr. rer. nat. Alexander Christmann

www.leona-ev.de
Verein für Eltern chromosomal geschädigter Kinder

www.w-b-s.de
Bundesverband Williams Beuren Syndrom e.V.

www.down-syndrom.de
Arbeitskreis Down-Syndrom e.V.

www.ds-infocenter.de
Down-Syndrom-Infocenter

www.bsk-ev.org
Bundesverband Selbsthilfe Körperbehinderte e.V.

www.bvkm.de
Bundesverband für körper- und mehrfachbehinderte Menschen e.V.

www.frax.de
Interessengemeinschaft fragiles-X e.V.

www.kindernetzwerk.de
Kindernetzwerk e.V. – für Kinder, Jugendliche und (junge) Erwachsene mit chronischen Krankheiten und Behinderungen

www.laufenmuehle.de
Kontakt zur Christopherus Lebensgemeinschaft Laufenmühle

www.henri-mittendrin.de
Blog über Henri von seinen Eltern

Fotos:
Charlotte Fischer Fotografie,
Am Gligger 9, 66450 Bexbach
www.charlottefischer.de

Interviews:
Dr. med. Barbara Oehl-Jaschkowitz,
Kardinal-Wendel-Str. 14, 66424 Homburg
www.genetik-saar.de

MAYER
INFO3

Info3-Verlagsgesellschaft Brüll & Heisterkamp KG
Kirchgartenstr. 1
60439 Frankfurt am Main

Tel. 069 - 58 46 47
Fax: 069 - 58 46 16
E-Mail: vertrieb@info3.de
Web: www.info3-verlag.de